…暮らしの中のバリアフリー…

「お互いさま!」宣言

監修・バリアフリー推進コンサルタント
石川大輔／石川ミカ

目次

Part 2

車いすに乗った人を見かけたら

Part 3 皆、同じ仲間として生きるために

Part 4
日頃からできるボランティア

はじめに

あなたもこんな気持ちになったことがありませんか？

交差点で信号待ちをしていたら、隣に白い杖をもった目の不自由な人が立っていた。

車いすに乗った人が、狭い歩道で障害物を避けるのに苦労していた。

そんなとき、「アッ、大丈夫かな？」と誰もが心の中では心配しているのではないでしょうか。でも、そんな気持ちはあるものの、なかなか歩み寄って手を貸してあげることができない……。なぜか、つい後ろ髪を引かれながらその場を立ち去ってしまう。

それは、どのように声をかけ、どんなふうにお手伝いをすればよいのか迷ってしまうからではないでしょうか？

体に障害がある人に気軽に声をかけられないのは、きっと、照れくささやなんとなく不安な気持ちがあるからかもしれません。でも、相手の気持ちがわかり、どうしてあげればよいのかがわかれば、きっと次からは「大丈夫ですか？　手を貸しましょうか」と声をかけられるはず。

わずかな勇気を出して声をかける――それが自然にできれば、自分の心が少し豊かになったように感じることでしょう。

ボランティア活動というと、「そこまではできない」と自分をセーブしたり、気負ってしまって、気軽に行動に移すことはできないかもしれません。しかし、街角で見かけたハンディキャップがある人に、ちょっとしたサポートをしてあげることは、そう難しいことではないはずです。

日本でも、かつては「お互いさまです」といって、困っている人を見たらすぐに手を貸してあげられるステキな習慣がありました。

今、障害がある人とない人が共に垣根を取り払って、対等で自由な生

活ができるような社会づくりを目指す、「バリアフリー」や「ノーマライゼーション」といった取り組みがなされるようになってきました。

ですが、現実に目を向ければ、残念ながらまだまだ目に見えない〝バリア〟（障壁）が歴然と横たわっているのが現状です。

単に掛け声だけでなく、本当にハンディキャップがある人とない人が一緒に手と心をたずさえながら、対等な立場で共生できる地域社会になってこそ、初めてバリアフリー社会が実現します。
そのための第一歩が、「こんにちは」「お手伝いしましょうか？」「すみません、お願いします」とお互いに気軽に声をかけ合うことではないでしょうか。

とはいっても、障害がある人からはなかなか「お願いします」とは言いづらいもの。そばを通りがかる人たちが一声かけて、助け合えたなら、どんなにステキでしょう。実際、体が不自由な人にお話をうかがってみると「手を貸してもらえると助かる」と思っている方も多いといいます。

慌《あわただ》しい生活を送っていると、「ボランティアが大切なのはわかるけど、特別に時間を割いて活動をするだけの気力や体力がわいてこない」という人も多いでしょう。でも、たとえ本格的なボランティア活動はできなくても、日常生活のいろんな場面で、困っている人やハンディキャップがある人のために役に立つことが必ずあるはずです。そして、ちょっとした一声から広がる友達の輪や、お互いに学び合うこともたくさんあるのです。

「困っているときはお互いさま」――その気持ちで一歩踏み出すことができれば、少しずつ社会は豊かになるのではないでしょうか。

そんな一人ひとりの心の絆《きずな》がさらに人から人へとつながって、さまざまな〝バリア〟(障壁)を乗り越えていくことができる……。本書は「そんな社会になればいいな」、という願いをもつ人たちの声と、お互いに勇気をもって一声かけられるようになるためのヒントがたくさんつまっています。

できるまで

ある日の社内での会話

太陽出版でのある日の出来事。編集者のKさんが「街角で白い杖をもった人に気軽に声がかけられるような本があるといいですね」と提案。それを聞いた社長とライターのOさんが、「そういえばボランティアの専門書はあっても、動機づけになるような内容の本はないかも……。

それは有意義な企画だからぜひやりましょう」と即断即決。

牟田さんに協力をお願い

そこで、福祉には門外漢の太陽出版としては、「ボランティア」という言葉にとらわれずに、「助け合いの社会づくり」や「心のバリアフリー」という観点に立って、協力者を探したところ、『大事なことは、ボランティアで教わった』（リヨン社）という本に遭遇。その著者で、ユニークな活動を続けていらっしゃる俳優の牟田悌三さんにご協力をお願いしたところ、寄稿文をいただくことができました。

この本が

石川ご夫妻との出会い

そして、本の監修をお願いできる専門家を探していたところ、Ｏさんが、ある日の新聞のコラムで石川ミカさんの記事を目にして、「あっ、この人だ！」と直感。

さっそくインターネットでお名前を検索したところ、石川大輔＆ミカさんのホームページを発見。Ｅメールで本の企画案と協力のお願いをしたところ、即、大輔さんよりご返事があり、快諾していただくことができました。

《解説》＊新聞の切り抜きコピー

ミカさんの名で掲載されていたコラムのタイトルは『「ちょボラ」障害者は「施し」の対象？』（２００２年９月29日付朝日新聞）。

ＴＶで放映されているＣＭ「ちょボラ」について、そこには「どんな社会をつくるのか」という視点がなく、単に障害者が施しを受ける対象として描かれていることへの疑問と、そうではなく、「だれもが安心して暮らせるまちづくり」こそが大切なのではないかとのご夫妻の提言が書かれていました。

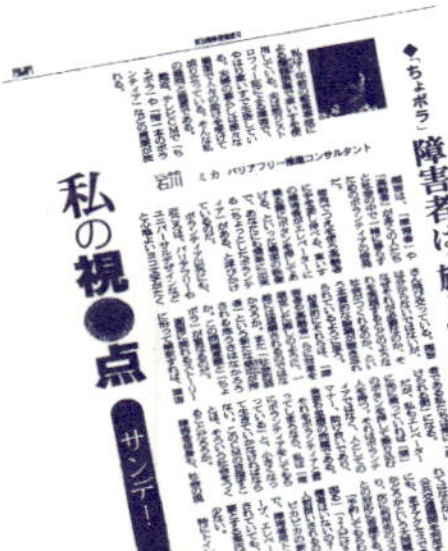
私の視点 サンデー

「ちょボラ」障害者は「施し」の対象？

石川　ミカ　バリアフリー服飾コンサルタント

サポーターの方々の体験談も

　そして、東京では介助者の立場から「アカンパニー・グループ」という、長年視覚障害者のボランティア活動を続けている先輩方のお話も加えさせていただくことができました。

　そんな「助け合い社会」を願う人びとの小さな輪が広がって出来上がったのが、この本です。

　ボランティアのマニュアル本ではなく、私たちの周辺にある身近な体験や声を通して、障害のある人・ない人が共に「助け合い社会」をつくるために何ができるかを考えていただきたい、という願いを込めてこの本を皆さんにお届けしたいと思います。

すてきな人たちとのつながり

このミカさんの記事に感銘を受けた編集部としては、改めて石川ご夫妻に全体の監修と一部執筆をお願いし、さらに石川ご夫妻から、体に障害のある二人の知人をご紹介いただきました。お一人は、視覚障害のある中村実枝さん。もう一人は伊藤道和さん。

さらに、石川ご夫妻とおつき合いのあるイラストレーターの徳重薫さんにイラストをお引き受けいただき、地元地域（山口市）でバリアフリー社会づくりに努めていらっしゃるお店の方々にもお話をうかがうことができました。

「できるだけ当事者の肉声（本音）を知っていただこう」との方針から、石川ご夫妻と中村さん、伊藤さんの体験談、そしてそこにつながるの方々のお話をもとにこの本が作られることになりました。

序文

「ボランティアは体験学習です」

牟田悌三（俳優・世田谷ボランティア協会名誉理事長）

これまで、ボランティアというと、「福祉に関わること」、「自己犠牲による奉仕」、「困っている人に何かしてやること」という、何か特別な良いことをすることだという評価がなされてきたように思います。

しかしながら、私が二十数年間やってきた活動から見つけたのは、ボランティアは「奉仕」とは違うということです。では、ボランティアとは何なのか……。

「ボランティアというのは体験学習である」

これが私の持論です。「学習する姿勢」というのが非常に重要で、その姿勢を持てるか持てないかで結果が大きく違ってきます。

奉仕というのは、相手に何かをして差し上げること。つまり、ワンウェイなんですね。でも、それでは相手が「いらない」と言ったときに、「せっかく、して差し上げているのに……」となってしまう。それでは続くわけがありません。

ようするに、「奉仕」というのは一方的な関係で、する側とされる側がなかなか対等な関係になれないのです。

実は、私も最初はそういうふうに思っていて、ボランティア活動をすることに疲れてしまったんです。そして、思い当たったのが「自分があげたら、相手からももらえばいい」ということでした。

きっかけは、知的障害をもつお子さんと歩いていたときのことです。彼はすぐに立ち止まったりして、なかなか進まない。私は、自分のペースに巻き込むのに必死だったんですが、そのときにハッと気づいたんです。

「そうか、立ち止まっていても人間歩いていけるんだ」と。そして、自分も立ち止まってみたら、景色が良く見えて、「こんなに美しいものがあるのに、なぜ気づかなかったんだろう」と思いました。そして、今まで関係ないと思っていたことも、関心をもって見られるようになった。価値観が明らかに変化してきたんですね。

私は、これこそボランティアだと思いました。つまり、ボランティアとは、自己犠牲ではなく、自己啓発であり、自己実現であり、自分のための体験学習だと思ったときに、それまでの悩みが解けたのです。

さて、今の若い人たちはボランティアというと、どうしても心理的に抵抗を感じてしまうようです。

以前、私が大学でボランティアの講座を持っていたときのことですが、レポートに「ボランティアというのは偽善的なことだと思っていた」と書いた学生が非常に多かったんです。おそらく、小・中学校、高校では、そんなふうに思わせてしまうボランティアしかやっていないのだろうと思いました。

でも実際は、「こんなことをやったからすごい」ということではないんです。

先生方は、「いろいろやったね」ではなく彼らがそこに行って何を見つけたのか、何を発見できたのか、ということをぜひとも評価してほしいと思います。そうすれば、ボランティアは子どもにとって大きな学習になるはずです。

あげる人が相手を見降ろすのではなく、もらう人も相手が気づかないことをサジェスチョンする。そうすれば、ハンディキャップがある、ないにかかわらず、お互いに対等な人間関係に近づくことができます。ワンウェイではなく、ツーウェイにすればいいのです。

見ず知らずの人に対して「良いことをする」となると、若い人たちは照れてしまいます。ですから、私どもは、〝善意〟というほどのものではなく、〝本意《ほい》〟をもっている心を出し合うことが大切なのではないかと考えています。〝本意〟とは人が本来もっている心です。ですから、子どもたちにも「自分の本意を素直に出し合おうよ」と語りかけます。

ボランティアは奉仕というような一方的な問題ではなく、自分のための体験学習であるという考えは、いろんな活動をしている方々の口から、本音として出てきます。

また、福祉はとても大切な問題ですが、その他にも社会教育、まちづくり、自然保護、リサイクル、環境問題、国際貢献などさまざまな重要な問題が私たちの目の

前に横たわっています。それらを自発的に解決しようと行動している方々は、みんなボランティアなのです。

そうした活動に携わっている人たちは、自分の本意を行動として素直に表わすことのできている人たちではないかと思います。なかでも障害をもっている方とのおつき合いで多くのことを学習させていただきました。

経済成長率だけを基準にした物質文明が行き詰まり、めいめいが勝手に生きることが本当の幸せにはつながらない、ということに誰もが少しずつ気づき始めてきています。いろいろな問題が山積みの世の中だからこそ、ボランティアの活躍の場はたくさんあるはずです。なかには、「何をしたらいいか分からない」とおっしゃる方もいらっしゃるでしょう。また、行動を起こさない人も非常に多い。でも、そういう受け身な姿勢からは何も生まれません。

私はボランティアの目指すところは、人間のいのちと人権を守る社会づくりだと思います。そして、いのちを考えれば地球環境を守っていくことに行き着く。人権を守ろうとすれば対等な人間関係をつくらねばなりません。

そして、これからの心の豊かな社会、バリアフリーやノーマライゼーション(障害者が社会参加するための援助)を実現するためにも、私たち一人ひとりが心の構造改革を成し遂げる必要があるのではないでしょうか。

そのための第一歩が、「自分の本意を素直に表わすこと」、「自分にできる体験学習(ボランティア)」だと私は思います。

お互いさま!宣言

牟田悌三　作

丘の上から眺めると
人びとはみんな同じに見える
丘をおりて人びとの間を歩くと
みんな違う顔をしている
心の中も違うんだ
その違いを感じ合ったり
認め合ったりするのが
人間の面白さじゃないか
お互い他人(ひと)の出来ないことをする

或《あ》るときはあげたり
或るときはもらったり
そんな信頼出来るお互いになるのが
昔からあるお互いさま
そんな社会をめざすのが
ボランティアじゃないの
「またまた、いいんだって
お互いさまじゃん」

牟田悌三さんのプロフィール

東京都出身。北海道大学農学部在学中にＮＨＫ札幌放送劇団入り。卒業とともに退団。放送劇団時よりラジオに、昭和29年頃よりテレビ、ラジオ、舞台、映画に出演し、現在に至る。地元世田谷の中学校のＰＴＡ会長を務めたのをきっかけに、ボランティア活動に参加。文部省第15、16期中央教育審議会専門委員。東京農業大学で「ボランティア論」の教鞭をとるなど、多方面で活躍。平成12年、第34回吉川英治賞・文化賞を受章。現在、悩んでいる子どもを電話で受け止める「チャイルドライン」の全国展開や全国各地での講演やさまざまなボランティアの支援活動を続けている。
【著作】文部省選定教材（ビデオ）:『むたおじさんのボランティアって何だろう？』『むたおじさんのボランティアって何するの？』著書 :「大事なことは、ボランティアで教わった」(リヨン社)
「お互いさま！宣言」とは？　牟田さんが名誉理事長を務める社会福祉法人世田谷ボランティア協会が、ボランティア国際年（2001年）に向けて掲げた宣言文です。

Part 1

白い杖をもった人を見かけたら

ある全盲女性の生き方 ―― 中村実枝《みえ》さんの場合

二十年来の〝悪友〟が語る中村実枝さんの素顔

はじめにご登場いただくのは、視覚障害がある山口県在住の中村実枝さんです。

中村さんは、小学一年生のときに事故で失明し、その後、高校を卒業するまで盲学校に通いました。そして、大学の文学部へ進学。卒業後は、地元・山口へ。現在、山口県立大学の非常勤講師をはじめ、さまざまな場で、視覚障害者の立場から社会へメッセージを伝えるために、毎日各地を飛び回っています。

まず、中村さんの人となりについて、二十年来の〝悪友〟というKさん(視覚障害がある女性)と、Oさん(男性)にお話をうかがいました。

インタビュアーは、本書の監修者で、中村さんの知人でもある石川大輔さんです。

――お二人から見て、中村実枝さんってどんな人ですか？

Kさん そうだねぇ、誉めた方がいいですか？(笑)。私たちつき合いが長いから、悪いことも言うよー(笑)。一言で表現するなら、うーん、好奇心旺盛な人じゃねぇ。私らが知らんことも、たくさん知ってるよ！

この前も、「ユニクロにいいバッグがあったよ！」って教えてもらったんですよ。私はユニクロ知らなかったから、実枝さんから聞いて初めて、「えー？ そんなに安くて、かっこよくて使いやすい鞄が売ってるの?!」って驚いたもんです。

携帯電話の便利さを教えてくれたのも、実枝さんでした。

彼女は、私よりずっと早くから使ってたんだけど、「携帯電話は便利よ！　使うのなら、ドコモがいいわよ。ドコモは、取り扱い説明書も点訳版や音訳版があるの。それに、ドコモの携帯電話は、ボタンを押せば、時刻を読み上げてくれたり、届いたメールを読んでくれるのよ。すごいでしょ！　電話機に向かって電話をかけたい友達の名前を呼べば、自動的に番号が発信する便利な機能もあるのよ！」と。それからです、「ほー、そんなに便利なものなら、使おう」と思い始めたんです。新しいものが大好き、でも、自分一人が楽しむのではなく、それを使ってどう便利になるのか、どこがいいのかを同じ立場の仲間へ情報として伝えてくれる、そんな人ですよ。


――へーそうなんですか。実枝さんって、ユニクロで買い物もするんですねぇ！　若いなぁ！　Kさんも、ユニクロへ行ってみないといけませんねぇ。

Kさん　そうなんですよ。今度娘に連れて行ってもらおうと思ってるんですよ。

――Kさんは、三十代のとき、病気のために失明されたそうですね。

Kさん　見えなくなってからは、外に出ることがイヤでねぇ……。でも、そんな私が今のように変わったのは実枝さんと出会ってからなんですよ！　実枝さんと友達になって、それから世界が広がったんです。

実枝さんの後ろについて、視覚障害者のグループにも顔を出すようになりました。仲良くなるにつれて、もっと深くお話ししたいな。そのためには、手紙のやり取りをしたいな、と思い始めたんです。でも、点字を学んだことのない私が、視力を失い、四十代でそれを習得するのは本当に大変でした。特に点字を打つことよりも読むことの方が大変で……。何度も投げ出しそうになる私を、やさしく包み込むように応援してくれたのも実枝さん。

私が点字で手紙を書くと、実枝さんから返事が返ってくる。最初は短い手紙なんだけど、回を増すごとに少しずつ長い手紙が来るんです。楽しみなんだけど、返事を書くためには、それを全部読まないといけないから。「手紙」という方法で、辛抱強く私につき合ってくれた実枝さんのおかげで、私は点字を習得できたんです！

――Oさんは、山口県内の社会福祉協議会にお勤めですが、実枝さんとの思い出は？

Oさん　実枝さんといえば……声にハリがある！「中村実枝です！」という電話の声、あいさつの声がイチオクターブ高くて元気がある。だから、声を聞く方はピリッと気合いが入る(笑)。

知り合ったばかりの頃かなぁ。遠方で開かれたボランティアの研修会で一緒になったことがありました。帰り道の方角が一緒で、電車に乗っていろんなことを気さくに話しました。一緒に歩くのに、どう案内するのがいいかがわからなくて、腕を組むべきか、肩をもってもらうべきか……どうしたらいいかを聞いたんですよ。

そうしたら、実枝さん、「結婚したばかりなのに、腕組むのは悪いわよ。手をもたせてくれたらいいわよ」って言うんですよ。この人、すごく心配りがあるなぁって感じたことをよく覚えてます。普段はねぇ、冗談ばかり言い合ってるけど、すごくやさしい人なんですよ。

*

二人のお友達のお話を聞いて、中村さんは、好奇心旺盛な人、友達へ情報を発信する人、心配りのある人、だということが伝わってきました。

では、いよいよ中村さんご本人にお聞きしたいと思います。

大学に進学して障害者が置かれている立場を実感

――実枝さんが、講演活動を続けている理由、ご自身の思いを聞かせてもらえますか。

中村さん　そうですねぇ、何からお話ししようかしら……。

小学一年生で目が見えなくなってから、高校を卒業するまで、私は目の不自由な人が学ぶ盲学校へ通っていたんです。そこでの生活は、目の不自由な友達とずっと一緒。世の中で、目が不自由だとは――どういうことかをあまり考えたことがなかったんです。

その後、大学に進学するんだけど。そこで初めて、「障害のある自分が社会の中で置かれている立場」のようなものを実感したんですね。同じ人間なんだけど、目が見えるか、見えないかで、周りの人の接し方、態度が違うんですよ。「同じ人間なんだけどなぁ」「見えるか、見えないかの違いなんだけどなぁ」……だから、私たち視覚障害者のことをもっと知ってほしい、と思い始めたんです。うまく言えないけど、あえて言うならそれが理由かな。

――失礼な言い方ですが、実枝さんの学生時代というと三十年前ですよね。今のように、バリアフリーやノーマライゼーションなんていう時代ではなかったから、ひどいことを言われたり、嫌な思いをされたことも多かったんじゃないですか。どんな経験があったのか、もし差し支えがなければ聞かせてください。

中村さん　そんな三十年も前なんて言ったら、歳がばれちゃうじゃないですか(笑)。

　あのね、障害のある人と健常者が共に同じ学内で学び合うという時代ではなかったんですよ。あなたが言われたように、そのころは、バリアフリーなんて言葉、存在しないんですから(笑)。私のことを「あなたのような障害者がいることで、大学の程度が低いように思われる」「あなたがいるだけでも周りの人にとっては精神的に迷惑になる」なんていう声が人づてに聞こえてきたこともありました。

　もちろん悔しいですよ。自分は何ひとつ悪いことや、恥ずかしいことをしてるわけじゃない

んだから。でもね、そんな声に耳を傾けて、悔し涙を流して立ち止まっていては生きていけなかったんです。それに一年目は寮生活だったんですけど、二年生からは一人で下宿生活を始めたので、毎日に一生懸命だったんですね。

例えば、道路で方向がわからなくなったときに、周りにいる人に「どちらに行けばいいんでしょう?」と聞いても、ただ足音だけが通り過ぎていく……。正直、そんなときは本当に惨めなものでした。一人で買い物に行くようになってから、もう開き直るしかないようになったんですよ。

——周りの人に陰口を言われたり、無視されたりという経験があると、手助けを求める声かけが怖くなったのではないですか? 今のお話を聞いていて、私だったら人間不信になるだろうなぁと思ったのですが。

中村さん　私は、「なるべく人には迷惑をかけないように……自分一人で何でもできることが大切」と言われながら育った世代です。だから、手助けを求める声かけは、常に自分の中で葛藤がありました。それは今でもあるんですけどね。

どんなことを頼むにしても、相手にとっては迷惑ではないのか、自分の甘えではないのか、工夫すれば一人でどうにか解決できるのではないか——と。

障害のある人もない人も
お互いのことを知らない

中村さん　人づてに、「私、あの人にとても良くしてあげたのに、あの人は何にもお礼もしてくれない」という声を耳にしたこともありました。

あの人というのは私のこと。そのときはショックでした。私は手を貸してもらったときには必ず「ありがとう」という言葉は返していたのに……。そう言われたら、一体どうしたらいいのかわからない。

それでも、生きていくためには、やはり手助けをお願いするしかない場面も多いんですよね。「すみません」「お願いします」と自分から声を出さなければ、生活ができない。これは本音です。

——それは、つらい話ですね。でも、それが現実なんでしょうね。「障害者」「健常者」という言葉に代表されるように、障害があると、そこにばかり目が行ってしまう。そして、「やってあげる人」と「やってもらう人」という寂しい関係しか生まれない……どうすればわかり合えるんでしょうねぇ？　わかり合い、「Give and take」「お互いさま」と言える関係を目指しているからこそ、実枝さんの活動は続いてるんですよね？

中村さん　もちろんそうなんです。だけど、障害のある人もない人も、お互いのことを知らないんですよね。

私は四年間の学生生活を通して、お互いを理解するためには何かを共有することが手っ取り早い方法だとわかったんです。難しいこと抜きで、まずは友達になる。友達になったら、趣味の話をしたり、一緒に食事をしたり、出かけたり、遊んだり……そんな中で、「どうしたら一緒に楽しめるだろう？」って相手のことを考えますよね。そこから始まるんですよ、きっと。

たぶんね、障害がある、ないは関係ないんです。最初はみんな知らない人同士なんだから、出会って思いやりをもたないと友達になんてなれないのだから。

私は必ずわかり合えるという前提で、いろんな人に出会いたい、関わり合いたい、と思って生きてきました。その中で、心で感じ合い、わかり合う——。友達になれば、相手のことが気になり、寒くなれば風邪を引いていないだろうか、と気になりますよね。そんな関係になれば、例えば私が道を歩いていて、歩道に上りや下りの段差があったり、自転車が置いてあることに気がつけば、「あれ、車いすを使ってる友達はこんなときどうするだろう？」と心配になる。

こんな日常の積み重ねが、お互いの心をつなぎ合わせるんだと思います。

——ところで、実枝さん、Kさん、Oさんのお三方を含めたご一行で、十三年前にタイへ旅したことがあるそうですね。Kさんも、Oさんもとっても元気がいい人なので、さぞかし珍道中だったでしょう?!

中村さん　そうそう！　そのときの珍道中は、一年前から始まっていたんですよ。タイ旅行参加者は、総勢十三人。この中に視覚障害者三人、肢体不自由の障害者一人が含まれています。計画を立てて準備しました。旅費は毎月積み立て、言葉は勉強会を開いて、みんなで覚える。そんな楽しい企画でした。

――そのときのお話をお聞きしたのですが、事前の集まりのとき、会合が終わって、みんなが片づけを始めると、実枝さんも腕まくりをしはじめてみんなが驚いたことがあったとか。

中村さん　そんなことあったかしらねぇ……。

――あったらしいですよ。皆が「実枝さん、何するの？」と聞くと、「私もお茶碗を洗うのよ！」と元気よく言われたので、皆、〝ハッ〟としたそうです。

そのときに、障害があるから、と周りの人が気遣って、お客さんのように接していることが多いことに気づいたそうです。「できることを一緒にする」――当たり前のことだけど、実枝さんの一言は印象的だったそうです。そのタイ旅行、本番はどうでしたか？

中村さん　そりゃあもう、楽しかったですよぉ。一緒に行った人たちが私に景色のことなど、とても詳しく説明してくれるんです。空の色、海の色……ゆっくりと、とても詳しく語ってくれる。だから、すごくよくわかるんです。言葉と一緒に、風や音、香りを感じて、私はタイにいるんだなぁ……と、旅を満喫しました。

でも、心の中で少しだけ気がかりなこともある。同行している人たちは、私と一緒でなければ、もっとスピーディーに動けるだろう――申し訳ないなぁ。そんな気持ちもチョッピリ。でも、それ以上にねぎらいと感謝の気持ちを込めて、「ありがとうね。おかげですごく楽しいよ。でもね、ごめんね、私と一緒だから移動の時間がかかってしまって」

何気なく伝えた言葉に対して、「そんなことないですよ。ご一緒できるおかげで、ゆっくり見て楽しむことができます。こちらこそ、ありがとうございます」って。……嬉しかったです。こんなステキな受け止め方もあるんだなぁ、と感激しました。

――Kさんは、目が不自由になってからは、タイへ行っ

て初めて海水浴をしたそうで、その出来事が一生忘れられないくらいに嬉しかったそうです。ちょうど日本は真冬の時期だったので、出発前にわざわざ押入れから娘さんの水着を取り出して、それを借りて持って行かれたとか。

中村さん　そうだったわねぇ。Kさん、おおはしゃぎで、そりゃもう嬉しそうだったのよ！

日本とは違う
タイの人たちの嬉しい対応

＊

ここで、タイ旅行での忘れられないもう一つの思い出として、Kさんが話してくれた水上マーケットでの出来事をかいつまんでご紹介したいと思います。日本との違いがよく表われているエピソードです。

水上マーケットとは、船の上に商品を並べて売っている市場だそうですが、船によって、扱っ

ている商品はさまざま。日本には、そんなお店はないので、Kさんはそこに行くのをとても楽しみにしていたそうです。

水上マーケットでは、まず船に乗らなくてはなりません。船乗り場と船の間は、ユラユラ揺れていて少し危険な状況。もしそこが日本で、目の不自由なKさんが乗り込むとしたら、「危ないから」という理由で特別扱いを受けたでしょう。

でも、タイでは違っていた。船頭さんが、やさしく手を差し出してくれるだけ。Kさんによると、その対応が本当に自然だったそうです。その代わり、無事乗り込んだら、船頭さん自らが拍手して大喜びしてくれた。そのやさしさを忘れることができない、とKさん。

この後、船が動き始め、待望のマーケットへ。Kさんや実枝さんたちを乗せた客用の船と、商品を並べた船が近づいてきました。

Kさんは普段買い物をするときは、形やかたさを確認するために商品を手に取って触るそうです。しかし、日本では、「売り物だから、汚してほしくない」「触るだけならやめてほしいなぁ」と嫌な顔をするようなお店もあるとか。

でも、タイの水上マーケットの人は、ぜんぜん嫌な顔をしなかったそうです。

もちろん、相手はタイの言葉で話しているから、Kさんは意味がわからなかったけれど、「気のすむまで、ゆっくり見てね！」と笑顔で語りかけてくれたと感じたそうです。

「言葉は通じなくても、その場の空気でわかりますよね！　納得するだけ触らせてくれる。あまりにも日本と違うので、嬉しいけど、不思議な感じがした」とKさん。

そして、お金を払うときも驚くことばかり。

日本でお金を払うときは、自分の手でお金を渡しても、店の人からお釣りを受けるときは、そばにいる人に手渡されるのが〝常識〟だとか。お店の人は、お釣りに間違いがあってはならないと、そばにいる人へ向かって金額を確認する。——でも、この行為は、当事者にとっては、とても悔しいこと。

一方、タイでは、何も言わなくても皆、Kさん本人に向かってちゃんとお釣りを返してくれる。これもすごく嬉しいことだったそうです。彼らにとっては、「目が見える、見えないは関係なく、同じ人でありお客なんだな」と実感できたとKさんは言います。

＊

障害があるなしにかかわらず大切なのは自分の生き方

――Kさんが話してくれた体験談は、数年前のタイでの出来事なのに、いまだに日本人同士の関係はギクシャクしていますよね。日本の社会では、なぜ目が見える人、見えない人と、分けてしまうんでしょうねぇ？

中村さん　難しい質問ですねぇ。

私ね、昔のことだけど、「自分も目が見えたらいいなあ」と思うこともあったんですよ。でもね、実際に目が見える人と友達になっていろいろと話を聞いていると、「これは目が見えていても見えなくても生きるのは同じだ」と思ったんです。つまりね、障害があるなしにかかわらず、自分が楽しく生きようと思うかどうか、気持ちなんですね。

もちろん、楽しいことだけじゃない。苦労というか、大変なこともあります。それもきっと、目が見えても見えなくても同じなんですよ。

ただし、不幸なことがあるとすれば、それは、目が見えないことを理解してもらえない環境です。そのためには、お互いを知らなきゃいけない。私は私のことを知ってもらうために、自分から伝えていこうと思ったんです。

――実枝さんが、ご自身の体験を人前でお話されるようになって二十年が経ったそうですが、社会は変わってきましたか？

中村さん　障害のある人に対して世間の誤解や

風当たりが少なくなったのは、最近になってからのことですね。それは、障害のある当事者たちが、積極的に社会に出て行った結果でしょう。

ただし、まだまだ偏見もあります。実際、数年前には、私が内諾で講演を引き受けた際に、後日主催者の一部の人から「障害のある人に来てもらって暗い雰囲気になっては困る」という意見が出て、講演が取りやめになったこともありました。その当時の〝世間の目〟には、障害者は、「ひっそりとつつましく、懸命に生きている」というどちらかといえば暗いイメージに映っていたのでしょうね。少しずつですが、変わってきていますよ！

――実枝さんは、「目が見えないことを理解してもらえない環境は不幸」と言われましたが、暮らしの中で、「目が見えなくて困ること」の実際を読者の方に知ってもらいたいので、具体的に聞かせていただきたいのですが。

中村さん　例えば、知らない地域に公共の交通機関などを使って移動する場合は、見ず知らずの人に声をかけることがありますか？

私の場合は、例えば電車であれば、あらかじめ先方の方にお願いして、最寄りの駅のホーム

まで迎えに来てもらうんです。

正直言って、先方も誰か介助する人と一緒に来て欲しいと思っているでしょうね。極端な場合、生まれて初めて目の不自由な人と接するのだから、どう接していいかわからない場合もあるわけですね。だけど、あえて来ていただいて一緒に行動するようにしています。

もしかしたら、相手の方も前日の疲れが残っているかもしれないし、私も慣れた方に比べたら歩きづらいのも確かですが、だけど何よりもそれがお互いに知り合う経験になるからです。

私がある小学校へ出向いたときのこと。そこの学校の先生に私が手を引かれて歩いている姿を見ていた子どもが、後でこんな感想を述べてくれたことがありました。

「体が不自由な人はお家の人が世話をしているのかと思った。でもうちの学校の先生が手をつないで歩いているのを見て、だったら自分も手をつないで歩けるのかな、と思った」と。あーよかったな、これでわかり合える人が一人増えたと思いました。こういう交流の積み重ねが大切なんだなぁ、とあらためて実感します。

わかりづらい電車の音や扉の開閉アナウンス

――ステキなお話ですね。確かに子どもの頃のふれ合いって、大切ですよね。ところで、電車の中ではどうなんですか？

中村さん　電車によってはね、次にどちらの扉が開くかアナウンスがない場合があるでしょ。ホームはすべて「左側」なんていうように決まっていればいいけれど、実際はそうじゃない。音だけが頼りの私たちにとっては戸惑《とまど》うんですね。最近は音が静かな電車もあるので、以前にくらべてもっと判断しづらいこともあるの。

――文明の利器が進んで電車内の揺れや音が静かに

なったことで、わかりにくい面もあるんですね。確かに、「左右のどちらが開くか」のアナウンスがある場合とない場合がありますね。きっと、実枝さんのこの話を聞いた車掌さんたちは「そうなのか！」って、変わると思いますよ。やっぱり気がついてない人が多いように感じます。

中村さん　そうですね、私もそう願っています。初めて利用する駅で、電車の中からホームへ降りるときは、白杖を降ろしてみないと、段差や幅があるのかがわかりません。だから、駅員さんがいないようなワンマン車や無人駅などでは、乗客の声が聞こえる方に向かって自分から声を出して「すみません、どなたか降り口のところまでご一緒していただけませんか？」とお願いしますね。

　そのときの反応は、地域や状況によっても違います。こちらが声を出さなくても、「ご一緒に降りましょうか」「改札口はこちらです」などと周囲にいる乗客の方が声をかけてくださる場合もあります。

　そうそう、空いている席を探すときなどは、杖を持っていない方の手で、背もたれの部分を触りながら確かめていきます。そんなとき、私の手が人に触って初めて「あっ、人がいるんだ」とわかるのですが、人によっては、その瞬間に

すみませーん！
どなたか
改札口まで
ごいっしょして
いただけませんか
ハーイ！！

パッと手を払いのける方もいます。

でも昔に比べれば、子どもの頃から皆白杖を見慣れているせいか、こちらも声をかけやすくなってきていますし、声をかけてくださる方も増えましたね。特に最近は駅員さんが来てくれることが多くなりました。

――なるほど、周囲からの声かけがあると、ないのではずいぶん環境が変わるのですね。障害のない人の中には、どのように声をかければよいかを迷っている人や、「声をかけたのに断られたので声がかけづらくなった」という人もいるようです。どう伝えていけばわかり合えるでしょうねぇ？

中村さん　私も以前、「障害者の方に声をかけましょう」と呼びかけたら「白い杖をもった人や車いすの人に拒絶された」「せっかくしてあげようと思ったのに」と言われたことがありました。その本音は理解できますが、そこでもし相手の立場や気持ちを理解できたら、きっと反応も違ってくるでしょう。

特に、視覚障害者は読み書きの自由と移動の自由がありません。現に、障害者の中で外出度が一番低いのが視覚障害者です。八〇パーセントの情報が視覚から入ってくるので、視覚障害者は情報障害者とも言われます。つまり、視覚

以外の二〇パーセントの感覚（聴覚、触覚、嗅覚、味覚）に頼っているのです。例えば、花の匂いを嗅いで今どの辺りにいるか場所を確認しながら歩いている。

だから、声をかけられる側からすると、知らない街中を歩いているときなどは非常に神経が張り詰めているわけです。よく視覚障害者が「怖い顔をしている」と言われることがありますが、それはたぶん必死になっているからです。確かに、健常者から見れば腰が曲がっていたり、下を向いていたり、真剣＝怖い顔になっているのかも……だから声をかけづらいかもしれません。

でも、それだけ神経を集中しなければいけないために、突然声をかけられると、それまで張り詰めていたものが切れてしまって、思わず拒絶するような反応をすることもあるということを知っておいていただければと思います。

また、スタスタと歩いているときには特に問題はないと思いますが、立ち止まっているときや乗り物の乗り降り時や交通量の多い場所などでは、一声かけてもらえると助かることが多いのは確かです。

意外に知られてないのが、盲導犬を連れている方に声をかけることで助かることもあるということです。例えば、盲導犬は色が識別できないので、信号待ちのときに「今、青ですよ」「赤ですよ」と一声をかけてもらう。そんなことも知っておいていただくと声がかけやすいのではないでしょうか。

気軽なあいさつと できるだけ具体的な状況描写を

私の場合は、声をかけてもらって一人でできるときには、「ありがとうございます。でも大丈夫ですから」と言うようにしていますが、慣れていないと緊張のあまりそれも言えない人もいると思います。その時々の状況にもよりますので、お互いに気軽にあいさつできるような関係を築くことが大切だと思います。

　私が子どもたちにお話しするときには、白い杖をもった人に声をかけたら、別れ際にも「さようなら」「じゃあ、私はこっちへ行きますから」などとちゃんと声をかけるようにしてあげてと言うようにしています。


――そうですよねぇ。頭の中で地図を思い浮かべながら、神経を集中させて歩いているときは、顔も真剣になっていますよね。なおかつ、これだけ交通事故の多い時代ですから……。では、どのように声をかけたら、より親切なのでしょうか。ポイントを教えてもらえますか？


中村さん　一番困るのは、方角を知りたいときに「あっちです」「こっちです」と言われることですね。見えない私にとって、方角を指示語で伝えられてもわからないんです。

　また、電車などで乗り降りするときには、「危ないですよ」というような抽象的な表現ではなく、「列車とホームの間に隙間がありますよ」「降りる(乗る)人が多いですよ」というように状況を伝えてもらえると助かりますね。

　一緒に歩いているときなど、「段差がありま

すよ」だけでなく、「上がる段差」「下りる段差」というように具体的に言ってもらえると助かります。極端な話をすれば、それによって足の動かし方が変わるわけですから。

――そうですよねぇ。抽象的な表現では、なんとなくの状況は把握できても、どうすればよいかがわかりませんよね。

中村さん　こうして実際にコミュニケーションをはかることで、日頃から理解を深めていると、相手の立場を少しずつ知ることができます。それに信頼関係がないと、本音で話ができませんよね。お互いに知り合う機会が必要ですね！

　普通、目が見える人たちは相手の目か口を見ながら話していますよね。でも目が見えない人は声が聞こえればいいわけで、必ずしも相手の方に顔を向けていなくても問題はないんです。でもそれでは一般社会では非常識となってしまいます。だから、私が出た盲学校の先生は、「君たちは、声がする方に顔を向けなさい」と言ってくれました。

　例えば、時間にしても目が見えない人は誰かに教えてもらわないと時間がわからないと思わ

れている。でも、手で触って時刻がわかる時計をしていれば自分でわかるんです。

このように、障害のある人のことを他の能力も劣っていると思い込んで、配慮したつもりで排除してしまうこともあるかもしれません。

Kさんのタイ旅行での思い出話にもあったように、例えば、目の不自由な人が見える人と一緒に買い物に行って、目の不自由な人が自分で支払いをした後でお釣りをもらうとします。そこで、お店の人が「はい、百円です」と言って、目の見える人に渡す。それはお店の人にとっては親切心かもしれませんが、見えない当人にとっては自分でできることなのに排除されたという気持ちになってしまうんです。

ですから、障害者＝「親切にしてあげなければいけない弱い人」という先入観をもたずに、「その人ができることとできないことを知る」ことが第一歩でしょうね。

日本的な〝世間の目〟を皆で変えていこう

まだまだ、古い日本的な〝世間の目〟があるというのも本音でしょう。だけど、その〝世間の目〟を、皆で変えていければいいのではないでしょうか。

　最初は、声をかけることから始まる。けれど、それをマニュアルでは表わすことは難しい。マニュアルでは伝えられない〝心の交流〟の大切さをどう伝えていくか——。

　私が子どもたちによく話しているのは、次のような言葉です。

　やさしさ＋やさしさは勇気。

　勇気＋勇気は行動。

　行動＋行動は心の宝物。

　その心の宝物が友達。

　たとえ毎日会えなくても「今、あの人はどうしているかな……」と気にとめる。本当に大切なことは、そんな友達がもてること。

　人の態度や言葉はその人の心の中から生まれてくるものだから、心の中で「障害者」「健常者」とはじめから線を引いていては心が通い合う友達にはなれないでしょう。

　今は、障害のある人と、ない人が共に暮らせるような社会になりつつあります。

　例えば、エレベータの中の鏡にしても、髪型を直したりする人も多いかと思いますが、本来は、車いすの方が鏡を見ながら乗り降りする目的でつけられているわけです。

　そんな身近なところで、「ああ、皆一緒に生きているんだ」ということを実感していければ、ふとした機会に自然にやさしさや勇気を表現できるようになるのではないでしょうか。

　それが、相手のことを気遣える〝心の宝物〟をもつことにつながるのだと思います。

＊

　読者の皆さんは、中村実枝さんの体験談をどのように受け止められたでしょうか。

　相手のことを気遣える〝心の宝物〟——日頃からそんな気持ちを大切にしていれば、白い杖をもった人を見かけたときにも、きっと自然に一声が出てくるのではないでしょうか。

中村実枝さんのプロフィール

山口県阿武郡旭村出身。幼児期に事故で両眼失明。山口県立盲学校、京都府立盲学校高等部を経て、佛教大学文学部国文学科卒業。現在、山口県立大学社会福祉学部非常勤講師、中村女子高等学校介護福祉専攻科非常勤講師を勤める傍ら、やまぐち県民活動きらめき財団ボランティア活動推進委員、山口県障害者施策推進協議会委員などボランティア活動の推進にも尽力し、山口県知事賞、厚生大臣賞などを受賞。個人の立場で二十年来、企業・団体・教育機関などでの講演活動を続けている。また、山口県内外の小学生たちとの交流、総合学習ボランティアも続けている。

（2003年3月現在）

COLUMN

コラム

点字のシールを取り入れたお菓子屋さん

バリアフリー社会と言われながら、なかなか中身は進んでいないのが実情です。

例えば、目の不自由な人が自分の好きなお菓子を買いたいと思っても、点字での表示がなければ選ぶことができません。そんななか、中村さんはある新聞で「いい話」を知ります。そこには、名古屋にある「お菓子屋さんの取り組み」が紹介されていました。もっと詳しく知りたい、と思った中村さんは、直接、その名古屋のお菓子屋さんへ電話を入れて聞いたそうです。

名古屋のお菓子屋さんの話によると――。

ある日お客さんから「四角い形のお菓子をください」との電話が入り、お店の人が、何のことだろうと話を聞いてみると、そのお客さんが目の不自由な人だとわかった。

電話でやりとりをした後で、お店のご主人は、「この人たちはお菓子の名前も知らずに食べているんだ」「何で作られているかも口に入れるまでわからずに食べている……それだけうちのお店を信頼してくれているんだ」と思い、その後、お菓子に点字をつけるようにしたというのです。

そんないい話を聞いた中村さん。山口でもお願いしてみようと大きいお店に声をかけてみました。だけど、なかなか返事がもらえません。こちらから「良いことだからぜひやってください」などと押しつけはしたくない。それぞれの事情があるのだから……。どうしようか、と考えていた中村さんは、そのことをお友達に相談。そこで、個人経営のお店だったら話を聞いてもらえるのでは、というアイディアが持ち上がりました。そして、お友達の知り合いの洋菓子工房「ゆ〜たん」に一緒にお願いに行ってみることに。

すると、店長の江川裕子さんはお二人の話を聞いて、快くOKしてくれたのです。

お店では点字のことはわからないとのことで、点訳ボランティアの人たちで、クッキーの包装に貼る点字シールとクッキーの説明が書かれている点字冊子を用意し、「ゆ〜たん」に持参。

こうして、「ゆ〜たん」自慢のクッキーは、目の不自由な人の手にも取られるようになりました。

以前より、「ゆ〜たん」のお客さんの中には、アトピーで悩まれている方もおられ、新鮮素材へのこだわりと、素材情報の提供には力を入れておられたとか。そんな安心・安全な洋菓子作りを続け、心のこもった手作り商品を提供している江川さん。

「それまでは目の不自由な方とお会いしたこともなく、点字のことも知りませんでした。中村さんたちとの出会いによって、自然に目の不自由な人に目が向くようになり、気軽に声がかけられるようになりました。

これからも自分たちができる範囲で継続していきたいと思います」

洋菓子工房「ゆ〜たん」

〒753−0053　山口市松美町2−77
TEL：083−920−2300
FAX：083−920−2316
営業時間：AM10：00〜PM7：00
定休日：毎週月曜、第2・第4日曜日

歩行介助のボランティア活動を通して

【サポーターの声】

上京する目の不自由な人に同行するボランティア

全国各地から上京する目の不自由な人たちに対して、東京都内や近郊の目的地まで同行し案内するという民間のボランティアグループがあります。

その名は、アカンパニー・グループ。アカンパニーとは「同行」という意味で、同グループは一九八五年に発足し、代表の和波その子さんを中心に、主婦や学生、ＯＬやサラリーマンなどが無報酬で視覚障害者の歩行介助を行っています。

目の不自由な人にとって、通いなれた道や場所は一人で移動できても、初めての場所やまして大都会東京などに出かけるには、さまざまな困難が予想されます。

とりわけ地方とは交通事情などが大きく異なる東京を訪れる際に、歩行介助をお願いできる人がいればどんなに安心できることでしょう。一緒に同行してくれる人がいれば、安全に移動ができ、それだけ行動範囲が広がり、いろいろな体験をすることが可能になるのです。

そんな、視覚障害者のサポートをしているアカンパニー・グループでは、希望者に対して次のような手順で介助の依頼に応じています（詳細についてはコラムをご参照ください）。

①白杖を使用している利用(希望)者本人が、利用日の十日から一週間前に電話で申し込み、利用内容を詳しく伝える。

②代表の和波さんが依頼者からの要望にしたがって事前にサービス内容を決め、「依頼書」を作り、当日都合のつくメンバー(アカンパニスト)を探す。

③当日同行するアカンパニストが、前夜に利用者に電話で依頼内容を確認した上で、待ち合わせの場所に出向き、目的地まで同行案内する。

このように、依頼者の要望に応じた詳細な「依頼書」に基づいて万全の準備をし、利用者第一のサービスを心がける。それがアカンパニー・グループのモットーであり、発足以来すでに十八年間、延べ六千人以上が利用しており、なんとこれまで一件の苦情もないそうです。

お互いに自立した関係に立った上で、気持ちよく、満足のいくサポートができる。そのためには、障害をもつ人ともたない人の間で、いかに「必要なこと・不必要なことを正確に把握しておくこと」が大切か——。とりわけ初対面同士の場合には、その事前確認が大きな意味を

もってくるのです。

そこで、アカンパニストとして、目の不自由な方々の同行案内をされている三名のボランティアの皆さんに、体験談をお聞きしました。

主にお話をいただいたのは、アカンパニスト歴十五年のAさん(五十代主婦)。Aさんは、当時の新聞でアカンパニー・グループのことを知り、「この活動は本来のボランティアのあり方を貫いている」と思って参加したそうです。

Aさんと同じく新聞の紹介記事で知ったというSさん(五十代主婦・アカンパニスト歴一年半)は、「月に一回程度の活動というのが自分に合っている」と思い参加。

そして、まだ一年未満のOさん(五十代主婦)は、雑誌で知ったことをきっかけに、長年の主婦業以外に「自分ができることを見つけたくて」ボランティアを始めたと言います。二人の先輩の言葉をうなずきながら聞いていたOさんは、主婦という役割を離れ、一個人の立場でア

カンパニーの活動に取り組む中でご自身の生き方を見出しておられるようでした。

皆さん共に家族や知人に視覚障害者はいなかったそうです。

そんな視覚障害という個性をもつ方々と行動を共にされている三名のお話は、「私にはとてもボランティアはできない」「障害のある人を介助できるのは特別な人」と思っている人にとっても、心の中の壁を取り除いてくれるような、とても触発される内容でした。

街角で見知らぬ視覚障害の人に声をかけるケースとは異なる体験も含まれていますが、非常に示唆に富むお話なので、ぜひ参考にしてみてください。

視覚障害のある人には手を出す前に声を出すこと

Aさん　私たちは、お会いする方はほとんどが初対面なので、はじめにどのようにして歩けばよいかをお聞きします。人によって、こちらの肩につかまるのがいい方もいれば、肘につかまるのがいい方もいます。なかには背中を触るのがいいという方もいましたが、東京では人が多く、もし離れるようなことが起きても困るし、私が不安になってしまうので、そんなときには肩につかまってもらうようにお願いするようにします。

白杖をもっている方でも、普段から白杖を使ってよく歩いている方や、ただ周囲に障害者であることがわかるように手にもっているだけ、という方までさまざまです。

一緒に歩く場合には、ご本人が歩きやすいだけでなく、自分にとっても無理のない姿勢でないと辛くなってしまいます。

以前、背の低い方で、背の高い方とご一緒したときに、ずっと肩を上げていないといけないと思っていた方もいましたが、そんなに無理をすることはありません。

私たちは観光ガイドではなく、目の不自由な方の〝目の代わり〟をしてあげるだけでいいんです。事前にご自分で計画を立てて来られているので、そのルートに従って、できるだけその方の周囲に見えている状況を描写して伝えてあげることを心がけています。

例えば、食事をする場合、こちらが事前にセレクトせずにどんなメニューがあるか一つひとつ具体的に描写することで、相手の方が自分で選んで食べられます。

アカンパニーの活動をやってよくわかったことは、街中を一人で歩いている視覚障害の方は、一人で行動できるから歩いているということです。だから、大変だろうと黙って急にひっぱったりするようなことをしてはいけないのです。肝心なことは、困ったときにはそばに手を貸せる人がいますよ、ということを伝えておくだけでいいわけです。

視覚障害の方には、「手を出す前に声を出す」というのが基本です。
例えば、電車に乗っているときに視覚障害の方が来られたら、「席が空いていますよ」と一

言声をかけてあげるだけで、その方は自分で座席に座ることができるんですね。

慣れないと、その方がご自分でできることにもつい同行者が手を出してしまうことがあるので、その点は注意すべきだと思います。

Sさん　日本人は障害のある方に声をかけて断られたときに、「せっかく声をかけたのに……」と思う人が多いようですが、そのようなときには、「ああ、一人で大丈夫なんだな」とあっさりと引き下がる気持ちが大切だと思います。

私も最近、盲導犬を連れた方に声をかけて、即座に「けっこうです」と断られたことがありました。でも、この活動をするようになってから、自分でやれることは自分でやるという気持ちからそう言われているのだということが理解できたので、全然嫌な気持ちはしなかったんです。こちらから声をかけて断られたとしても、「やっぱり声をかけてよかった。また、声をかけよう」と思えるようになりました。

Aさん　盲導犬を連れている方を見ると、盲導犬がいるから大丈夫だろう……と思われがちなんですが、盲導犬に指示を出すのはご本人であって、指示がなければ盲導犬は動けないんですね。盲導犬が地図や道順を知っているわけではありません。ですから、こちらが一声かけてあげれば、ご本人も盲導犬に指示が出しやすい場合があるんです。

Sさん　例えば、視覚障害者の方が信号待ちをしている場合、車の流れる音を聞いて判断し、盲導犬に止まれとか進めとかの合図を出しているそうです。

Aさん　私たちが目の不自由な方に同行する場合、一番心がけているのはやはり安全ですね。事故がないように。歩きながら「階段です」「階段終わりです」「ほんの少し段差があります」「ゆるいスロープです」などと、その方の目の代わりとなって声をかける。健常者にとっては何でもないことでも、障害のある方々にとっては気をつけなくてはいけないことが多いんです。

Sさん　以前ある方に同行して歩道を歩いていたら、「ここからフラットですか？」と聞かれたことがありました。「そうです」と答えたら、「このように一緒に腕を組んで歩いてもらえると、僕は本当に嬉しい。まるでパリのシャンゼリゼ通りを歩いているような気分で闊歩《かっぽ》するんですよ」と言われたことがあり、その言葉がとても印象的でした。

たぶんお一人で歩いているときにはよほど緊張しながら歩かれているから、一緒に歩くことでそんなに喜んでいただけたんだと思います。

Aさん　不安を感じないで歩くことができれば、それだけ疲れないんだと思いますね。例えば、東京に会議などで来られた方などは、会議に出ただけで疲れているので、余計なおしゃべりもいらない。そんなときは、ただご一緒するだけで充分なんだと思います。

Sさん　私はまだ新米なので、いろいろと失敗談もあるんですが……（笑）。

電車に乗るときに目の不自由な方に声をかけて、話しながらその方の切符を買ったまま、渡すのを忘れてしまったことがありました。すぐに追いかけてお渡ししたんですが、話すことに集中し過ぎて肝心なことを忘れてしまった。

だから、無理に何か話をしなくちゃと思わずに、例えば、街角などでは電車の乗り降りや信号待ちのときだけ、「ご一緒しましょうか？」と声をかけるだけで、その後は「ではお気をつけて」と言って通り過ぎるだけでいいのではないかと思います。

その人の「目」の代わりに具体的な状況を伝える

Aさん　特に電車の中や会場など大勢人がいる前で、視覚障害者だから周囲が手助けしなければいけない……、と一際目立った動作をされると、ご本人にとってもそれがいたたまれないということもあるわけです。

障害者の方と接していてわかったことは、周囲から見ていてハラハラする場面があっても、ご自分で判断してできることはこちらが勝手に手を出したり、ことさら特別に対応する必要はないということです。

例えば、ご本人の前にどんな物が置かれているかがわかっていれば、その状況の中でご本人が判断して動かれますから、危ないからと黙って物を動かしたりするとその方が困るわけです。物を動かすならそこで一声かけないと、ご本人が混乱してしまう。

ドアがある場合には、こちらが黙って開けて通るのではなく、「ドアがありますが先に行かれますか？」と状況を伝えて、ご本人の意思を確認するというように。

私たちができることは、あくまでそこにどんな物がどのように置かれているかという状況をお伝えすること。単純にその方の目の代わりをしてあげるだけでいいんです。

決して急ぐ必要はありません。こちらから一声かけてご返事があるのを待つ。そして、ゆっくり移動すればいいわけですから。傍目から見て、同行している私たちがやってあげればいいじゃないか、そのほうが早いじゃないかと思われたとしても、ご本人ができることはご本人にやっていただくというのが当たり前のことなんです。

たとえ、ご本人が行きたいという場所がすごく混んでいたとしても、一緒にその場に行って状況をお伝えする。すると、ご本人もその状況が把握できて、ご自身が納得される、ということです。たとえ時間がかかったとしても、私たちの判断で行動するのではなく、ご本人が体験したいことがちゃんとできるようにお手伝いするのがポイントです。

Sさん　私も、今までは、何でも効率よくやることが良いことのように思っていましたが、この活動をするようになってから、ゆっくりしていても何も悪いことはないんだ、ということを確認させられました。

Aさん　私の場合は、子育ての頃から関わらせていただいたこともあって、子どもの個性を人と比較することなく、まるごと受け入れられるようになりました。この活動をしていなければ、つい人と比較して、競争してどっちが勝ったか負けたとか、自分の子どもはここが秀でているとか劣っているなどとあせっていたかもしれません。

その意味では、子どもの個性に対して、本当に心から「ありがとう」と言えるのは、この活動のおかげだと思います。

視覚障害があっても、すごくユーモアがあったり、伸び伸びと生きることを楽しんでいらっしゃる方々をたくさん見てきましたので……私としては、障害のある方に対して同情心からボランティアをしているわけではないのです。

Oさん　私はまだ経験が浅いので、すべてが勉強です。今お二人のお話を聞いていて、「あっ、そうだったのか」と思うこともたくさんあって。

例えば、電車の中で席を譲られたときに、ご本人が応えるということも私はできていなかったな、と。先日、視覚障害の方に同行したとき、若いカップルの方が私の顔を見て「どうぞ」と言われたんですが、あと二駅で乗り換えなくてはいけなかったので、つい、私が「けっこうです」と応えてしまったんです。

ご本人にはそのとき手すりにつかまっていただいていたんですが、今の話を聞くまでそれがよくなかったということに気づきませんでした。まず、ご本人にお聞きするという基本精神を忘れないことが大切だということがよくわかりました。

Aさん　ボランティアをやる方は、親切心あふれる方が多いので、つい相手のことを子ども扱いしてしまって、それが相手を傷つけてしまうということがあります。

老人介護でも今は「おじいちゃん、おばあちゃん」とは言わずに、誰々さんとちゃんと固有名詞で呼ぶようですが、障害のある方に対しても「障害者」とひとくくりにするのではなく、一人ひとり違う個性をもった誰々さんと声をかける。その声かけの段階からお互いの関係のもち方が違ってくるのではないでしょうか。

《参考文献》

『初めてのガイド』
発行：全国視覚障害者情報施設提供協会
TEL：06－6441－0015
発売：株式会社　大活字
TEL：03－5282－4361

COLUMN

コラム

アカンパニー・グループとは？

【概　要】

代表の和波その子さんが中心となって始めた民間のボランティアグループ（〒158—0086東京都世田谷区尾山台2—22—2—B）。

和波さんの息子さんは、世界の舞台で活躍している盲目のバイオリニスト、和波孝禧さん。海外から盲目の演奏家を招いて行うチャリティーコンサートにハンガリーのピアニストを招いた際に、和波さんが用事でご一緒できなくて同行してくれる人を捜したところ、東京にはそのような活動をしている団体・組織がなかったことが、アカンパニー（同行）発足のきっかけに。和波さんは、ボランティアとして行えば資金や事務所がなくてもできると有志に呼びかけ、視覚障害の方が少しでも自由に安心して東京へ来られるためのお手伝いをする目的で一九八五年十一月に発足。

「大雑把《おおざっぱ》な依頼や他人任せの申し込みをされる心の中には、たぶん、『よく計らってくれる』との期待と甘えがあるのではないか。その思惑が外れた時、不平不満となる。自分の意向を明確にして、できない部分を補ってもらいたい利用者と、そこを手伝う私どもの間にこそ、自立した人間同士の間柄が生まれると私は思う」と手記を記している和波さん。現在、ボランティア・メンバー（アカンパニスト）は、学生・主婦・会社員など男女約五十名。月一回の例会を開いて体験を共有し合っている。ボランティア希望者は例会の見学や、同行に立ち会うこともできるので、問い合わせを。

【対象者】
全国から上京される、また、東京に寄宿中の白杖使用の方と盲導犬と歩行の方。

【申し込み】
①利用者は利用する日の十日から一週間前までに、本人が直接電話で下記に申し込む。申し込みの際には、目的と内容、希望する予定(スケジュール)を詳細に立てて、和波さんに伝えること。上京の目的や内容・時間に関わりなく、基本的に一人の利用者に対して一人の介助(同行)者がつく。ただし、希望日に都合がつくメンバーがいない場合にはやむなくお断りすることもある。

②希望にそった「依頼書」を作成。同行するメンバーに伝えられる。変更や追加がある場合は直ちに和波さんまで連絡を(当日の変更は不可)。

③当日の前夜に、同行するメンバーから利用者に依頼内容を確認するための電話が入る。

④当日、待ち合わせの時間・場所で利用者とメンバーが落ち合う。

【受　付】
TEL：03-3703-5550
二十四時間受付(不在時・早朝・深夜は留守番電話)。
＊年末・年始の四日間(12／31～1／3)は休み。

【費　用】
行政からの援助を一切受けず、純粋なボランティアとして無報酬で活動しているので、当日のボランティアの自宅から目的地までの往復の交通費(一五〇〇円以内)、および同行中に要する実費を利用者に負担していただく。

Part 2

車いすに乗った人を見かけたら

夫婦ふたりの車いす生活 ── 石川大輔さん・ミカさんの場合

この章でご登場いただくのは、お二人共に車いすを利用しながら暮らしている、石川大輔さんとミカさんのご夫妻です。

石川さんご夫妻は、地元の山口県を核として、バリアフリー社会づくりに向けてそれぞれの立場でユニークな活動をされています(プロフィールをご参照ください)。また、冒頭で説明したように、本書の監修などにもご協力くださいました。

そんな大輔さんとミカさんが、実際にどんな暮らしをしているか、日頃どんなことを考えているかについて、お二人の本音トークをお届けしたいと思います。

赤ちゃんのときから障害と一緒に育ってきた

ミカ　まずは私たちの自己紹介した方がいいんじゃないかしら?

大輔　そうだね。じゃあ、僕から。名前は石川大輔です。

ミカ　知ってる(笑)、もう少し詳しく言わないと。

大輔　えっと、赤ちゃんのときに筋ジストロフィー症を発病して、それからずっと病気というか、障害と一緒に育ってきました。

ミカ　どんな病気なの?

大輔　人間の体はすべて、骨と水分と筋肉からできているんだけど、その筋肉に関する病気です。手や足はもちろん、心臓や肺も筋肉があるからこそ動きます。でもね、僕の病気、筋ジストロフィー症は、その筋肉が少しずつ破壊されていく、つまり力が弱くなっていくんです。それが一番の特徴。

　子どもの頃は比較的元気に一般の人と同じように歩いてたんだけど、今は少ししか歩くことができないし、もし、つまずいて転げてしまうと、自分一人の力では、どうやっても立ち上がることができません。それに、重いものを持ち上げたりすることも難しくなりました。こうして説明すると、なんだか「できない」という言葉の羅列になってしまいましたね。歳はまだ若いけど、体は高齢者、そんな病気だと思ってください。

ミカ　なるほどね。でも、私が子どものとき、障害のある児童とか、車いすに乗った児童とか、学校にはいなかったし、見たことなかった。だから、大輔のような子どもはどうしてたのかしら。子どもの頃からのことを少し聞かせてよ。

大輔　そうだねぇ、僕も学校には障害児っていなかったよ。「僕みたいな体の悪い人って、世の中に自分一人だけかな」と思ってた。振り返ってみると、生活のいろいろな場面で、障害がある＝できない、無理と決めつけられることが多かったような気がする。周りの大人たちから、「大輔くんは危ないからやめときなさい」「ケガをするといけないから、見学にしましょう」なんて言葉をよくかけられていました。小学生くらいになると、歩いていても、よくころんで膝はケガだらけだった。そんな姿を見て、「しっかり下を見て歩かないと！」

と言われていました。

「社会復帰」という言葉があるでしょ？　あれって、病気やケガをして入院した人なんかが、元気になって一般の生活に戻るときに使う表現だと思うんだけどね。あの言葉に代表されるように、僕は子どもの頃からリハビリテーションを受ける中で、健常者に近づくことがよしとされる価値観を植え付けられてきたように思うんだ。

ミカ　そうなの……。そういわれると、私はリハビリってケガをしたあとにするものだって思っていた。ところで、どういうところでそう感じるの？

大輔　学校の先生や親から、しっかり勉強しないと、お前は体では勝負できないんだから、勉強をがんばって、頭くらいは一人前にならないと仕事に就けないぞ――みたいなことを言われて育ってきたんだよね。

ミカ　私は勉強のことなんて言われたことなかったから、ぜんぜんしなかったの。勉強の好きな人なんて、そういないよね！　大変だねぇ。毎日、家では勉強ばかりしてたんだ？

大輔　いやいや、勉強が好きだなんて言ってないよ(笑)。でも、頭の中には「勉強で落ちこぼれると、将来の自分はどうなるんだろう？」みたいな漠然とした不安が常にあった。プレッシャーというか……。

ミカ　そうなんだぁ……。私にはその気持ちが一〇〇パーセントはわからないけど、子どもの頃から、自分の将来を不安に思うなんて、かわいそうだわ。

大輔　僕はね、十四歳から十八歳までの四年間を筋ジストロフィー症の専門病院(国立療養所)で過ごしました。そこは、昭和三十年代に作られた結核療養所の跡地。地域社会から分断された山奥での生活。病気の特質上、終の棲家になる可能性が高く、現に多くの友達を見送ってきました。

ミカ　どうして、その病院へ入院したの。病院での生活はどうだったの？

大輔　僕の場合、二十年前、中学二年のときに父が亡くなって、母親と二人の生活が始まったんだ。それまで、母は僕の学校の送り迎えなど、障害児を育てる苦労を一身に背負っていた。だけど、今度は経済的な問題まですべてが母の肩へかかる。「このままでは親子共倒れになっちゃう」と思ったんだ。だから、「家を出て、身体を治療しながら、勉強できるところへ行く」と伝えた。それは母の本意ではなかったと思うけど、一方ではそうせざるを得ない涙の決断でもあった。

もう一つの理由として、自分の学校生活の問題もあった。地元の中学に通っていたんだけど、教室間の移動が大変で。正直、十四歳の時点で、階段の上り下りがしんどくて、学校生活についていけなくなっていた。僕の場合、そんなふうにいろんな事情があって、入院したんだけど。たぶん、そこにいた人のほとんどが何らかの理由で入院していたんだよ。

時間がたって仲良くなって、仲間と語り合ってわかったことは、みんな本心は、生まれ育った地で暮らしたいと願っていること。同じ人間なのに、なぜ障害者(筋ジストロフィー症者)だけが閉じ込められ、一生をそこで過ごさないといけないのか。病気や障害があるために、自由の権利が剥奪される社会の矛盾に対し、怒りと疑問を抱き続けた四年間でした。

初めて車いすを見たとき かっこ悪いと思った

ミカ　じゃぁ、そのとき疑問をもって、いろいろ考えたことがあるんじゃない?!

大輔　そうなんだ。頭の中では障害者が差別されない、暮らしやすい社会にしなければ……と考えつつも、それでもなお、自分が障害者であることを受け入れるには、心の中では葛藤が続いていた。長い間ずっと障害を受け入れることができない日々……。

僕の場合、筋ジストロフィーの中では比較的軽度であるため、無理をすれば少しだけ歩ける。それゆえに、身体がきつくても、車いすに乗らないことで、より健常者に近づいていたい――知らず知らずのうちにそうふるまっていた。そこには、本音と建前に近い矛盾があったと思う。

ミカ　車いすには乗らなかったの？　初めて車いすを見たときの感想とか覚えていたら、聞かせてもらいたいな。

大輔　初めて車いすを見たのは、療養所に入院した日。思春期で、シャレっ気が出始めたときだからね、一番見た目を気にする年頃だった。一目見て、驚いた。正直、かっこ悪いなぁと思った。電動車いすも走っていたんだけど、今のようにコンパクトでなく、大きくて、なんか戦車みたいなんだよね。

はじめはそんな気持ちだったけど、みんなと仲良くなって、病気のことも理解しはじめると違和感はなくなり受け入れることができたよ。

スポーツをするときは、車いすに乗ったよ。病院のそばにある養護学校の体育館で車いすホッケーなんかをやるんだけど、そのときは必ず乗る。ただ、普段使うことはしなかった。医者やリハビリのスタッフも、歩けるうちは歩くことが大切という考え方だからね。

病院の中にいると、歩けること＝よいこと、歩けなくなること＝ダメなこと、みたいな空気もあった。だから余計に、自分は乗りたくない、と思っていた。

ミカ その後、十八歳で退院するんだよね？

大輔 そうだよ。大学で社会福祉を学び、卒業後は、地域住民が力を寄せ合って、暮らしを支え合う組織で働きたいと思い、生まれ故郷に帰って、生活協同組合へ就職したんだ。

福祉分野で自らの経験を説くよりも、異分野を開拓するほうが、同じ立場の人が暮らしやすい地域づくりにつながると考えたから。

ミカ それで、異分野の開拓はできたの？ 異業種に就職しての苦労とかもあったのでは？

大輔 「人一倍努力して認めてもらわないと、障害のある自分を理解してもらえない」と、社会人を始めるときにはずいぶん気負っていたから必死で働いたよ。職場でも恵まれた充実した毎日で、周囲から徐々に信頼してもらい、やりがいを感じる業務を任されていた。

職場の中では、歩く自分しか見せていない。どんなに身体がきつくても絶対に車いすは使わない。会社の事務所って、そんなに広くないでしょ？ 車いすを使うなんてこと、現実的には不可能だったと思う。だから、「歩くのはちょっと大変な石川君」「重い物を持ったり、階段を上るのは難しい石川君」までで止めておく必要もあった。そうすれば、仕事をする上では普通に接してもらえた。自分なりにも努力はしたつもり。

ミカ 仕事にも慣れて、充実した毎日を送っていたの？

大輔　ウン、そうだねぇ……。一見安定した暮らしを送っていた七年目のある日、事故が起きた。自宅で転倒して、腰椎を骨折し、寝たきりの入院生活を強いられたんだ。

「今ある生活基盤が崩れてしまう……」という不安。同時に、「仕事人間」になっちゃっている自分と向き合う時間を与えられた。「障害者が地域で生きていくために」という、初志を忘れている自分。やっぱり健常者に近づこうとしている——働いて組織に認められることを目指す、そうすることに自分の存在価値を求める人間になっている。

「一体何やってんだ？」——振り返れば、己への腹立たしさと同時に、次への一歩を踏み出す決意をさせてくれたケガであり、入院生活だったと思う。

もう一度、己を見つめなおしたい、このままではいけない……療養所時代に感じた問題意識、そのために自分は何ができるだろう……そう思い、山口県立大・大学院に進学したんだ。

二十五歳のときに頸髄を損傷してから歩けなくなって

ミカ　次は私の番ね。私の名前は、石川ミカで

す。

さっきも話したように、同じ学校に障害のある児童や、車いすに乗った児童はいなかったから、障害者の存在を知らずに育ちました。私自身も、二十五歳までは健康な暮らしを送っていました。短大を卒業して、ＯＬとして働いていました。電車で通勤していたのですが、乗り換えの駅の階段から転落し頸髄（首の骨の中にある神経）を損傷してしまいました。

大輔 頸髄の損傷って、どんな障害なのか簡単に説明してくれる？

ミカ 人は自分の身体を動かすとき、頭の中で考えたことを、神経を通して体中に伝えます。例えば、「歩こう」とか「座ろう」とか。だけど、その神経が損傷してしまうと、頭で考えても体が思うように動かなくなってしまいます。そのために、歩けなくなって車いすを利用している、というわけ。

大輔 突然障害者になって、ビックリしたこととか、困ったことなんかあったんじゃない？

ミカ そうね。その障害は、突然にやってきたし、何しろ自分が障害者になるまで、障害者を見たことがなかったのだから……。

その日を境に、今まで見えなかったものが見えるようになった。何不自由なかった生活環境のすべてのものがえらくしんどいものに変わった。

大輔 どんなことがしんどくなったの？

ミカ 行けたところが行けなくなり、できたことができなくなり、使えたものが使えなくなったこと。ケガをするまでは、階段だって、坂道だって、車の運転、自転車の運転、何だって自分一人でできていた。困ることがなかったのに、ケガをしてからは、自分だけじゃできなくなったの、それがしんどかった。

大輔 「しんどかった」って、過去形だよね。じゃあ今は違うの？

ミカ 私はもともと内気で人見知りをする性格

で、友達と会話するのが苦手なの。だから、友達もすぐにはつくれないほう。それでもね、元気なときには、それですんでいたの。友だちの後ろをついて行けたから。
でも今は、ついて行こうと思ったら、助けが必要だったりするでしょ。「助けて」っていう、一言が言えなくて苦しんだわ。もともと少ない友達が、障害者になると疎遠になって、もっと減っちゃった(笑)！　開き直って、孤独に陥ってたの。ケガをした私が悪いんだからいいや、自分が我慢すればすむんだからと。
だけど、そこから救い出してくれたのは……あなたじゃない！　大輔が、「我慢してたら何もできないぞ」「勇気を出して手伝ってもらったらHAPPYになるかも知れんよ」って教えてくれた。もちろん、今も障害を受け入れた自分と、受け入れていない自分が隣り合わせで存在しているけど、何もしないうちからのあきらめはなくなったわね。

大輔　ケガをする前と、ケガをした後の違いはたくさんあるんじゃない？

ミカ　そうね。障害者になってからは、生活のさまざまな場面での工夫が必要となったのは確か。その理由は簡単、自分にとって使いにくいから。遊びに行くにしても、誰かにお願いして、自分のサポートをしてもらわなければ、行くことができないという、不自由が多いのが現実。

大輔　それで、誰かにお願いして一緒に遊びに行ったの？

ミカ　ううん。行けなかったの。実は、そんな私に、追いうちをかけるような出来事が起こったの。入院中、お見舞いに来てくれた友達が「退院したらテーマパークへ一緒に遊びに行こうね」と約束していたにもかかわらず、後日手元に届いたのはお土産だけ。
「一緒に行こうね」っていう約束は？　なぜ誘ってくれなかったんだろう……。
きっと、車いすを使う私が一緒だと、大変だ

から。どのように手伝っていいかわからなかったり、余計な時間がかかったり。本当は、友達もそこまで深い考えはなかったのかもしれないけど、そのときの私は、どんどん悪いほうに考える悪循環を繰り返して、自分でドツボにはまっていってたんですね、きっと。だからね、「私が階段から落っこちたのがいけないのよ！」「私の運が悪かったのね、私さえあきらめればすむのよ」――ここまで考えれば、どんどん深みにはまっていき、抜け出せなくなった。相当な重症だったのね。

障害の違いによって聞くことができなかった

大輔　仕事はどうしたの。

ミカ　受傷が原因で、退職したわ。そして、引きこもりがちな毎日を送ってた。

大輔　でも僕たち大学で出会ったんだよ。大学へ行く努力してるじゃん。

ミカ　そうなの。このままではいけないという思いもあり、実はね、企業の面接を受けたりもしたの。そこで言われたこと、断られた原因は、やっぱり障害者ってこと。
「歩けないあなたが、何ができるのか」というようなことを言われたわ。ショックだった。その後、思い直して、愛媛県にある聖カタリナ女子大学社会福祉学部へ編入学したの。
　生まれて初めての一人暮らし。それも、障害者になってからでしょ……想像してたよりも、うんと大変だったのよ。買い物に行くのも、洗濯も、食事の準備も、お風呂も――生きていくことがこんなに大変だとは思わなかった。

大輔　そりゃ、大変だったろうなぁ。どんなこと覚えてる？

ミカ　食料品の買い物って、本当に大変。体がキツイのよ。だから、週に何度も行けなくて、一週間から十日に一度行くくらい。だから当然まとめ買い。だけど、自分で持ちきれるわけはないんだけど、誰も手伝ってくれないから、一人で何往復もしてた。そのうち、買い物に行く頻度は変わらないけど、買う量が持てるだけに減っていった。
　つまりね、食生活が超質素になったわけ。だからかどうかわからないけど、体調を崩しがちになった。家族や親戚といった頼れる人が、近

くにいなかったから。それで、ちょっと精神的に参っちゃって、翌年、地元にある山口県立大学社会福祉学部へ再度編入学したわけ。

大輔 自宅に帰ってやれやれって感じだった?

ミカ 今度は、実家から通学できる距離なんだけど、「このまま実家へ帰るよりは一人暮らしを続けてみよう。何か困ったことがあれば、今度は実家も近いしなぁ」——そんな思いで始まった山口での学生生活だった。

大輔 おもしろいよね、お互いいろんなことがあって、再入学した大学で出会ったんだから。

ミカ そうよね(笑)。ずいぶん老けた学生さん(笑)。まぁ、障害者同士ってこともあったし、話してみれば年齢が近いこともわかったから(笑)、よく話をするようになったのよね。

大輔 出会ったころから、僕は、ずっと気になっていることがあった。頸髄損傷による四肢麻痺の君は、車の運転はできても、車いすの積み降ろしを自分で行うほどの腕力がないこと。大学に着いたら誰かに頼んで車いすを降ろしてもらい、帰宅するときもまた積み込んでもらう……その姿を見て、「一人暮らしって聞いたけど、アパートに帰ったら、どうやって車いすを車から降ろすのだろう?」。でも、その疑問は何だか聞いちゃいけないことのような気がして、ずっと聞けないでいたんだ。

ミカ そんなことを観察してたのね(笑)。通りがかりの学生に声をかけてお願いするのにも、あの頃は心の中で「よーし、がんばるぞ!」って、勇気を出して言ってたんだから!

大輔 見てたらわかるさ。だから聞けなかった。

それともう一つ、僕自身の中でも、障害によって「難しいこと」「できないこと」を聞くことに抵抗があった。どういうふうに聞いたらいいのか、言葉としても思い浮かばない。

生まれつき障害者の僕と違って、君は事故である日突然、障害者になった。その気持ちがわからないから遠慮があった。たぶん、一般の人が障害者に「どう声をかけたらいいかわからない」のと似ていたような気がするな。

ミカ　そうね。そう言われると、そうかな～なんて思うわ。私は障害のある人と接したことがなかったから、頭の中で想像してみることしかできないけど。

大輔　そうこうしてるうちに、一緒に遊びに行こうという話になったんだよね。君の住んでいるアパートへ僕が車で迎えに行く、そして乗り合わせて出かけるという計画だったかな。車がアパートの前に着いたら、携帯電話で連絡して、君が出てくる約束だったな。

　僕はアパートに着いて、真っ先に君の車の中を見た。そうしたら、車いすが積んであったんだよ。「駐車場(車)からアパートの中までどうやって移動したんだろう?」と頭に浮かんだけど、とりあえず電話をし、君が出てくるのを待った。少しして、玄関のドアが開いて、そして、君の姿が見えた。

ミカ　そうだったわね。

大輔　君は床を這って出てきた。そのとき、僕は自分のことがとても恥ずかしくなったんだよ。「車いすに乗らないことで、より健常者に近づいていたい……」。自分の中にある、ちっぽけなこだわりが、音をたてて崩れていった瞬間だったなあ。

　君が語ってくれたよね。毎日、アパートの部屋と駐車場の間を這って移動しているって。スケートボードのようなものを準備して、それにお尻を乗せて手で地面をかきながら移動してること。根性があるなぁ……って思ったよ。

ミカ　そりゃ誉めすぎだよ。そうしないと暮らせなかっただけなのよ。一人で暮らしていくためにしていただけ。

大輔　僕は、この出来事以来、車いすを使うことへの抵抗がなくなりました。逆に今まで喉に詰まっていたものが取り除けたような気持ちになれて、新鮮な気分で活動できるようになった。君の影響を受けて、ありのままの自分を受け入れることができた。もともと、積極的な性

格だったので、その出来事がプラスに作用したように思うな。

我慢していた自分を変えてくれたきつい「言葉」

ミカ　私にも大きな変化が生まれ始めていたのよ。一番は、飾らない自分の姿を大輔へ見せることができたこと。たとえ、暮らしていくためには、そうしなければ他に手段がないとはいえ、他人には見られたくない姿だった……。

それにね、大輔と出会うまでは、いろいろな面で自分を抑えてきたのよ。私は常に他人にやってもらう立場だから、わがままは言っちゃいけない。黙って、助けてもらうことに感謝しなくちゃ。他人の好意なのだから、注文は付けちゃいけない。すべては、ケガをした自分が悪い、障害のある自分が悪いんだから、我慢しなくちゃいけないんだと。

大輔　その話を聞いていると、ケガをして障害者になって、やっぱり不便になったんだろうなと思ってしまうよ。

ミカ　あんまり考えたことなかったな。外出先で困っても、とりあえず自分でできるだけのことはして、それでダメならあきらめていた。自分一人の力で行けないところは、我慢しなきゃいけないんだって。そう自分の心に言って聞かせていた――そんな私を変えてくれたのが大輔だった。

大輔　僕は、自分の障害を受け入れることは、なかなかできなかったけど、障害者が我慢したり、暮らしにくい社会に対しては、ずっと疑問をもってたんだ。だから、我慢してたらダメだって言い続けた。

ミカ　そうだったわね。「自分ができないことは人に頼め」とか、無理をしてスロープに向かっている私に向かって「ケガをしたら大変だろう」と、きつく言ったっけね。正直いって、大輔が怖かったわ。私は他人に声をかけるのが苦手だから、けなげ(笑)に自分一人の力で、一生懸命自分でがんばっていたのに……。

そりゃ、大輔の言ってることは理解できたのよ。理解できてもね、性格的にはできなかったのよ！

大輔　じゃあ聞くけど、けなげに一人でがんばっている頃(笑)、通りがかりの人が声をかけてくれたり、手伝ってくれたこともあったんじゃない？　そのときは、嫌な気持ちだった？

ミカ　うん、たまにあったわ！　そんなときはスゴイ嬉しかった。荷物持ってもらったり、ドアを開けてもらったり……。でも、それって私がもし逆の立場だったら、同じことをやったと思うな。内気な私でもドアを開けるくらいなら、相手と話さなくてもできることだもん。

大輔　だろう？　手伝ってもらった方がいい場合もあるんだよ。だから、毎日のように言い続けた。「我慢してちゃだめだ」「言ってみたらできるかも知れんよ」と——。

ミカ そんなあるとき、外出先で、大輔が転んだんだよね。突然後ろに引っくり返るようにね。大輔は、転んでしまうと自分では立ち上がれないし、私には抱え起こすことはできない。しかも、頭を打ったみたいで心配だった……無我夢中で通りがかる人に向かって声を張り上げていた。「起こしてください。助けてください。お願いします」って。

近くにいた人が、すぐに駆け寄ってきて、起こしてくれた——涙がこぼれるほど、このときは嬉しかったのを覚えているわ。大輔にはいっぱい叱られたけど、なんであんなにうるさく言ったのかが理解できたの。黙って我慢していたら、誰も気にはとめてくれない。だけど、声をかけたら、気がついた人、手を貸せる人が助けてくれることが分かったわ。

大輔 体をはって教えたのさ！(笑) 予定外にかなり痛かったけど。なーんてね、そんなに計算してたわけじゃない。とにかく、変わってほしかった。一歩でも二歩でも外へ向けて出てほしかっただけ。

ミカ 三十年間培ってきた性格って、そんなに簡単には変わらなかったけど、おかげで必要なときには、自分から声を出し、お願いをすることができるようになりました。

でもね、そんな自分だから、私と同じように声が出せない障害者もいると思うんだ。街に出かけて困ったことがあっても、我慢する。あきらめる。そういう人、意外と多いと思う。だから、そのことを社会の多くの人に知ってほしい。街に出るだけでも、かなり勇気がいるんだってことを……ね。

大輔 そうだよね、僕のようにずっと障害を受け入れることができずに、一人心の中で葛藤してたりする人もいるんだよね。だから、困ってるときに、「何かお手伝いしましょうか？」って声をかけてもらえると、それはやっぱり嬉しいもんです。その一言でどれだけ救われることか！

バリアフリーを推進するコンサルタントとして

ミカ　そんな私たち凸凹《でこぼこ》の夫婦は、どこへ行くにも一緒に出かけることが多いんです。ここで、ちょっと二人のPRをさせてもらいましょう。

　私たちがバリアフリー推進コンサルタントとして、モットーにしていること。

　それは、お互い障害者に至る経験が全く異なる——その思いや葛藤を伝える活動。そして、男女のペアのあり方や価値観を変えていきたい。障害者二人の私たちは一般的な夫婦像とは大きく異なる。——そんなことを伝えたくて、小学校から大学、団体など、「呼んでいただければどこへでも講演に参ります」がライフワークです(笑)。

大輔　そうです！　ここで営業してどうするって感じだけど(笑)、いい仕事しますよ。笑いあり涙あり、呼んでください！　でもね、夫婦漫才ではありませんからね。

　ところで最近、「バリアフリー」という言葉が一般化してきました。それがとっても気になります。あのね、つい先日、旅先での出来事。街中で美味しそうな匂いに誘われて、車いすを走らせた。

ミカ「いい匂い。おなか減ったネェ…」「うん。行ってみようか」って感じよね。

大輔　そう、僕たちの行動は嗅覚のおもむくまま。おっ、ここか！　目の前に現われたのは、コジャレたレストラン。お腹の虫も一緒になって、食べる気満々。すぐにでも入りたいのだが、二段の階段が行く手を阻む。ドア越しに手を振ったり、「すいませーん」と呼びかけてみたり。やっと気づいて、店内からオジサンが出てきて一言、「ごめんなさいねー、うちバリアフ

リーじゃないんだよ。ごめんねっ」。疾風のように現われて疾風のように去って行った。あーあ……って感じ。

ミカ　頼む側は、二段を抱え上げてもらうのも、勇気がいるんだよねぇ——小さなお店で従業員が少ないかもしれない。階段が十段だったら、最初からあきらめていた。私たちなりにいろいろ考えて行動しているんだけどな……そんなことを知ってもらえればいいなぁと思います。

大輔　バリアフリーやユニバーサルデザイン、ボランティア——心地よい横文字は、なんとなくやさしくなったような玉虫色の響き。しかし、結果として、障害者や高齢者が何を望んでいるか、一人ひとりを尊重することの大切さを忘れてはいないかが気になります。あなたも私も同じ人間。行きたいところも、食べたいものも同じだということを心からわかり合いたいですね。そのために、恥も外聞もなく私たち二人は、爆笑とともに世間の価値観を揺さぶる行脚《あんぎゃ》の旅をこれからも続けます！

番外編「こうだったら、もっとええよね～」と思うこと

①「トイレ」をめぐって

大輔　車いすを利用する僕らが使えるトイレ、確かに最近少しずつ増えてきたよね。それはとても嬉しいこと。でもね……。

ミカ　そうそう、言いたいことはわかるわよ！　緊急事態をもよおしたとき、それがどこにあるのか分からないってことよね。

大輔　そうなんだよ！　わかってるジャン！

ミカ　そりゃそうよ、いつも必死になって探すのをつき合わされるんだから！

大輔　なんで表示が少ないんだろうねぇ？

ミカ　あれって、視点の高さの違いもあるのよ。立ってる人(健常者)が、自分の目の高さで表示板(案内板)を取り付けてることが多いから、車いすの目線とは違ったりするんだよね。

大輔　それと、もう一つ困るのが、その会館・ホールなど、建物に勤める職員さんが、障害者が使えるトイレの場所を知らないことが意外と多い！　これくらいは最低限の教育で徹底してほしいなぁ。

ミカ　私も言いたい！　自動ドア式の車いすトイレって、結構多いんだけどね。普段利用者が少ないからって、電源を切ってるところがあるのよ。あせりまくっているときに、いくら「開」のボタンを押しても、ドアが開かなくて、「おかしいなぁ」と冷や汗を流しながら事務所へ行

くと、冷静に「ああ身障者用のトイレね。ちょっと待ってね、いま電源入れるから」と一言。もう頭にくる！

大輔　論外だね、人権問題だよ。あなたがトイレに行きたくなったとき、事務所に断りを入れますか……と聞きたいね。

②車いすを抱えてもらう場合

大輔　僕たち結構旅好きだよね。

ミカ　そうね、公共交通機関もよく使うよね。駅とか……お世話になること多いよね。

大輔　エレベーターがついてない駅って、駅員さんが出てきてくれて、四人くらいで抱えてくれるんだけど。あれって通称「おみこし」って言うんだよね。

ミカ　実は、それが怖かったりする(笑)。お世話になるから、口に出しては言えないんだけど。出てきてくれた人の体格がバラバラだったりすると大変。この人に抱えてもらって本当に大丈夫かなぁ……と心配になるよね。

大輔　そう、二つの理由で心配になる。①細い人、高齢の人は腰などに無理がないかなぁと相手を思いやる気持ちから。②高架橋を渡るための長い階段をこの人に抱えてもらう＝はたして命を預けていいものか、とても不安。

ミカ　そうそう、四人の背の高さがバラバラだったりすると、車いすがユラユラ揺れて、傾いてイスから落ちそうになる恐怖感があるよね。こういうときは、少なくとも、抱える人た

ちが声をかけ合って、気持ちを合わせて欲しいです。

大輔　僕たちもやってもらって当たり前とは思っていないです。手伝ってもらうことには本当に感謝。だからこそ、気持ちよくやってもらえればなおかつ感謝ですね。

③「何かお手伝いしましょうか？」と聞いてほしい

大輔　困ってるときに、「お手伝いしましょうか？」と声をかけてもらうと本当に嬉しいですね。でも、ときどき、自分の想像で対応されてしまって困るときもある。

ミカ　そうよね、障害って人の性格のように微妙に違うので、一人ひとりの体の動きって同じじゃないんです。だから、当然心地よさとか、楽さだってみんな別々。車いすを利用してると、それだけでひとくくりにされがちだけど、私たち夫婦だけを見ても違うことがわかってもらえると思うけど……。

大輔　障害者と接したことがない人にとっては、勇気がいることだと思うけど、行動を起こす前にぜひ一言聞いてもらえればありがたいです。なかには、言葉に障害がある人もいるけど、聞き取りにくければ、何度も聞き返したりしてコミュニケーションをぜひとってほしいです。一番悲しいのは、わかったふりをされちゃうことです。

＊

いかがだったでしょうか？　石川ご夫妻の本音トークは、障害がある人・ない人、それぞれに納得できたり、認識を新たにしたり、意外な気づきがあったのではないかと思います。

街角で車いすの方を見かけたら、フッと石川さんたちの気持ちを思い起こしてもらえると……そのときに心のバリアが消えるのではないでしょうか。

石川大輔さんのプロフィール

1968年、山口市生まれ。生後まもなく筋ジストロフィー症と診断を受ける。地元の小学校を卒業し、中学校へ入学。14歳、中学2年のとき父親が他界。体の状況と、母親にかかる経済的な負担を考えて、国立療養所への入所を決意。広島県の国立療養所原病院へ入院。同時に併設の養護学校中学部へ転校。養護学校高等部卒業後、四国学院大学社会福祉学科へ進学。大学卒業後、帰郷し、生活協同組合へ就職。1999年3月、自宅で転倒し、腰椎を圧迫骨折。3カ月入院、45日間は寝たきりの生活を強いられる。2000年2月、8年間勤めた生活協同組合を退職。2000年4月、山口県立大学大学院健康福祉学研究科（修士課程）入学。2000年8月、結婚。2002年3月、修士課程修了。現在、バリアフリー推進コンサルタントとして、フリーランスに活動中。専門学校非常勤講師。山口県地域リハビリテーション構想推進協議会委員。市民活動グループ「山口ユニバーサルデザインビジョン２０１０」代表。
http://www.c-able.ne.jp/~daisuke/contents.htm

石川ミカさんのプロフィール

1969年、山口市生まれ。地元の中学、私立高校を卒業。高校時代にアルバイトで貯めたお金を入学金や授業料に充て山口芸術短期大学へ進学。短大卒業後、損害保険会社へ入社、ＯＬとして勤務。1995年8月、通勤途中に駅の階段から転落し頚髄損傷を負う。リハビリを重ね、手は日常生活にあまり支障がない程度まで回復したが、足は麻痺が残り、車いすを使用。その後、後遺症のためか、免疫力の低下などによりさまざまな合併症を発症。 敗血症、麻痺性イレウス、腹膜炎、卵巣のう腫捻転、低カリウム血症など、3年半にわたり手術や入退院を繰り返す。1998年4月、聖カタリナ女子大学社会福祉学科へ編入学。はじめての一人暮らしを始める。その後、体調不良などが重なり、中退して山口市へ。1999年4月、山口県立大学社会福祉学部へ編入学。2000年8月、結婚。2002年3月、卒業。現在、バリアフリー推進コンサルタント、福祉住環境コーディネーターとして、フリーランスに活動中。専門学校非常勤講師。山口県民活動審議会委員、山口市地域福祉計画策定委員。バリアフリーゆかたProject Since2001事務局長。著書に「車いすのリアル」（大和書房）がある。2003年8月25日付朝日新聞「ひと」欄、8月30日付毎日新聞「ひと」欄で、著書とともに紹介され、9月7日付日本経済新聞「読書・短評」欄で著書が紹介される。

COLUMN

コラム

バリアフリーの企業努力を続けるスーパー

ある日のスーパーでの思いがけない出来事

常日頃からバリアフリー社会の必要性を訴え、その実現に向けてさまざまな活動に取り組んでいる石川さんご夫妻は、お二人とも日頃から積極的に車で街に出かけています。

そんな石川さんたちは、行く先々で「バリアフリー」が名目や掛け声だけのものになっている現状を目の当たりにすることが少なくないそうです。障害者用のマークがつけられていても、そこに障害物が置かれていたり、バリアフリーを提唱している機関であっても、本質的な意識の部分が進んでいなかったり……。

そんな状況の中で、ある日、石川さんご夫妻が、地元にできた郊外型のスーパーマーケット「フジ」(食料品、衣料品、日用雑貨品等の販売を行うチェーンストア「グランヴェスタ山口」)に初めて出かけた時に、入口付近の駐車場の路面が青くペイントされ、他(一般)の駐車場とは一目瞭然で違うことがわかったそうです。さらに、そこには「お体の不自由な方の専用駐車場です」と書かれた看板が立ててあったといいます。もちろん、その駐車スペースには青地の路面に白抜きで車いすマークが描かれています。

他の店の駐車場では、そこに健常者が車を停めていたり、自転車や赤いポールが置かれていたりして、困った経験がありました。

しかし、駐車場を見る限りでは、あるであろう貸し出し用の車いすが店内入口には見当たりませんでした。そこで、石川さんは、スーパーの店員さんに「貸し出し用の車いすはありますか？」と尋ねてみたのです。すると、店員さんは「ございますよ」と、インフォメーションの中から持って来てくれました。石川さんは、〝ああ、あったんだ〟と思い、「せっかく準備してあるんですから、その旨を掲示していただけると助かるのですが……」とお願いしました。

　そして、次に買い物に行ったときには、さっそくパソコンで張り紙を作ってくれたようで、「貸し出し用の車いすがあります」という内容の掲示が、出入口のいたるところに貼り付けてあったのです。石川さんは、その素早い対応が気持ちよく、家からも近かったので、その後よくそのお店を利用するようになったそうです。

　そんなある日、いつものように「フジ」を訪れ、ふと広告の貼ってある掲示板を見て驚いたといいます。車いす用駐車場には、路面の色を変える、立て看板で注意を促す、などの配慮が既になされているにもかかわらず、さらに意

識を啓発するための大きなポスターが加わっていたからです。車いす用駐車場を設置しただけではなく、その意味をお客様全員に知らせていたのです。

石川さんは、その徹底した対応に感動を覚えたそうです。

なぜなら、最近徐々に身体障害者用駐車場の設置など、バリアフリー化が少しずつ進んでいますが、障害のない人が停めているケースが少なくありません。それは、ただ設置するということにとどまり、公共施設においても、また民間企業においても、まだまだ利用者側の視点に立ったきめ細かなサービスが実施されていないのが現実だからです。

オープン当初に、石川さんの申し出にすぐに対応して貸し出し車いす案内用の張り紙をしてくれた、「フジ」の店長である一部房男さんにお話をうかがいました。

誰でも安心して利用できる施設やサービスを提供したい

――石川さんの申し出に素早く対応されたのは、店長さんのご判断ですか？

私個人の判断というより、会社の方針といったほうがいいですね。

私ども「フジ」では、人にやさしい店づくりを目指しており、ご年配の方や、障害のある方々が安心して利用できるハートビル法適応の施設を設置し、すべてのお客様に気持ちよくお買い物を楽しんでいただけるように心がけています。

車いす貸し出しの案内は、費用もかからないので、すぐにできました。お客様である石川さんからご要望を受けて、さっそく作成しました。

――車いす用駐車場のポスターを貼られた経緯《いきさつ》を聞かせてください。

ここ、山口店だけではなく、ほとんどの店舗に貼っています。どこのお店でも、一般の方が停めていらっしゃって、車いすをご利用の方が停められないということがありました。でも、注意するのは難しい。そこで、一般のお客様に、「なぜ専用駐車場が必要なのか」を、さりげなく知らせる方法を考え、本部のほうで作ったオリジナルのポスターなのです。会社の考え方ですね。

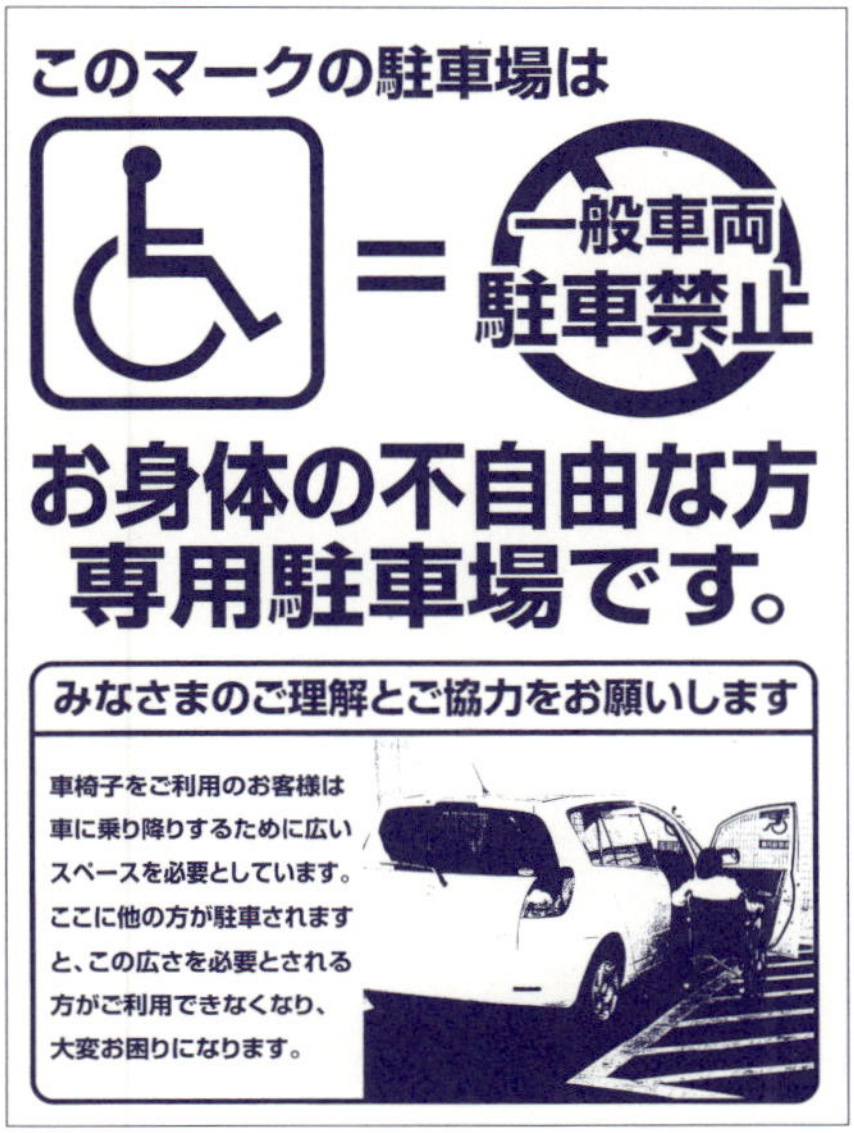

このマークの駐車場は
＝
一般車両
駐車禁止
お身体の不自由な方
専用駐車場です。
みなさまのご理解とご協力をお願いします
車椅子をご利用のお客様は
車に乗り降りするために広い
スペースを必要としています。
ここに他の方が駐車されます
と、この広さを必要とされる
方がご利用できなくなり、
大変お困りになります。

——しかし、コスト的に考えれば、お客さんの需要に対してすぐに応えるのは、正直なところ厳しいという面があるのではないですか？

今のような厳しい時代では、商品の品質はもちろん、いかにお客様によりよいサービスが提供できるかが勝敗の分かれ目になります。ですから、バリアフリーもお客様に喜んでいただけるサービスの一環としてとらえ、地域の皆様に足を運んでいただけるように努力することが私たちに求められているのではないかと思います。

お客様からのご要望にすぐに対応する姿勢が大事で、それが結果として、地域の皆様に快く足を運んでいただけることにつながるのではないでしょうか。

——障害のあるお客様が来られたときなどの対応について、社員教育をされているのですか？

はい、店員に声をかけていただければ、いつでもご案内ができるように心がけています。

スタッフ教育としては、社員が目隠しをしたり、車いすに乗って実際に店内で買い物をしてみたり、障害のある方から日頃の買い物の不便さをお聞きするなど、社員自らがお客様の立場に立って考え、体得していくような教育を行っています。

＊

環境調和型企業を目指している㈱フジは、バリアフリー以外にも、リサイクルや安心素材の商品、省エネルギー化、子どもエコクラブ事業への賛同など、環境保全活動に積極的に取り組んでいるそうです。また、地域住民とのふれあい活動や、献血運動の支援、ゴミ清掃活動の他、盲導犬育成募金活動も行っています。

このように、しっかりとした企業理念をもち、当事者の立場に立ったきめ細かなバリアフリーのサービスを提供しているお店が地元にあれば、さまざまな障害のある人たちも安心して利用できると同時に、地域の人びとと交流をはかるきっかけができるのではないでしょうか。

そのためには、障害のある当事者(消費者)が忌憚《きたん》のない意見や要望を伝えること、そして、企業側(供給者)が誠意と努力によって消費者本意のサービスを心がけることが、必要不可欠だといえるでしょう。


「グランヴェスタ山口」

〒753−0851　山口市大字黒川3736
TEL：083−995−0611
営業時間：AM10：00〜PM9：00
定休日：年中無休
本社：株式会社フジ　愛媛県松山市
ホームページ:http://www.the-fuji.com/

Part 3

皆、同じ仲間として生きるために

車いすでのエンジョイ・ライフ！――伊藤道和さんの場合

体育の授業中に起きた転倒事故で頚髄損傷に

　このパートでは、中村さんや石川さんご夫妻と同じように、体に障害があっても元気にイキイキと生きていらっしゃる神奈川県在住の伊藤道和さん(四十八歳)をご紹介したいと思います。

　伊藤さんは元高校の体育の先生で、授業中マット運動の際に転倒して頚髄損傷を負ってしまい、それ以来電動式の車いす生活を送られています。頚髄損傷とは、脊髄損傷の一種で、病気以外に、その多くの原因が、交通事故や転落事故など健常者が突然見舞われるような突発的な事故によります。脊髄を損傷すると、神経細胞が本来の機能を取り戻す力がなくなってしまうために四肢が麻痺するだけでなく、合併症を起こすおそれもあります。

　伊藤さんは、情報交換誌「はがき通信」の会員であり、同会員で頚髄損傷を負っている石川ミカさんと年に一度の懇親会(二〇〇〇年の横浜での開催)で、一緒に参加した大輔さんを交えて知り合ったそうです。「はがき通信」とは、事故や病気などで四肢麻痺者となった方々と、そのご家族や関係者のための情報誌(会員制)で、三人とも、積極的に「はがき通信」に意見や情報を寄せています。

　伊藤さんは、自らホームページを開設し、これまでのご自身の体験や思いをエッセイとして発表し、自作の水彩画も掲示されています。エッセイは、障害がある方や健常者の方々とのふれ合いや旅行記、そして、身近なバリアフリーに関するお話など、もりだくさんの内容です。そこで今回、いくつかのエッセイを伊藤さんから読者の皆さまへのメッセージとして掲載させていただくことになりました。

海外旅行や講演、絵やスポーツを楽しんだりと、さまざまな体験をされている伊藤さんのお話は、車いす生活の中で素晴らしい人生経験や豊かな人間関係を築かれていることを私たちに教えてくれます。

チンコントロール
リクライニング式電動車いす

私はかつて、私立高校の保健体育の教師をしていた。マット運動の失敗で首を脱臼骨折。それ以来、首から下は麻痺し、手足が全く動かなくなった。針で刺されても痛みを感じない。

大学病院に緊急入院し、すぐに手術。そして、ICUから病棟の個室へと移される。鼻から管が取れ、呼吸器が取れ、だんだんと元気を取り戻してくるのに、手足が動かせない自分にイライラし、看護婦さんに当たり散らしていた。

大学病院に七ヵ月間入院していたが、せめて手が動くようにと、リハビリ専門の病院の神奈川交通総合リハビリテーションセンターに転院した。

そこで一年間、手が動くように願いながら一生懸命リハビリに専念したのだがついに手足は動くことはなかった。

しかし、リハビリセンターで、私に希望と勇気を与えてくれたものが、チンコントロールリクライニング式電動車いすであった。

今でもはっきりと覚えているが、その日、ベッドを起こしてもらい座っていると、廊下からジィージィーと電気音が聞こえ私の部屋に入って来た。大きなチンコントロールの電動車いすである。何だろうと思い乗っている人に聞くと、私と同じように手足が動かないので、アゴで操作する電動車いすに乗っているとのこと。あれほど驚いたことはなかった。

その時、目の前がパッと明るくなり、心臓がドキドキしたことをよく覚えている。それまでは、車いすを誰かに後ろから押してもらうため、行きたいところに自由に行けずイライラしていたのだ。

早速、自分に合わせたチンコントロールの電動車いすを作ってもらうことにした。

出来上がった電動車いすの大きさに驚いた。最初に乗ったときは、嬉しくて病院中を走り回ったりもした。チンコントロールの電動車いすの操縦は、呼気とアゴで操作する。

呼気でできることは、電源を入切し、背もたれを起こしたり倒したりすると、ベッドの代わりになったり、アゴで操作するレバーを内外と移動する。アゴの操作は、レバーにアゴをのせ、手前に引くと前進、前に押すと後進、右に倒すと右回り、左に倒すと左回りする。

操縦が難しく十分練習してから、病院の外を散歩した。外は気持ち良く、空気や風、草花の

香が、こんなに新鮮に感じられるとは……最高の気分！

一人で自由に移動できることが、落ち込んでいた私を明るく積極的にするとは思ってもみなかった。

それ以来、友人がたくさんできた。今では、チンコントロールの電動車いすが私にとってかけがえのない友人の一人になっている。

やさしい人々との思い出

私は、多くの心やさしい人たちに支えられ生きている。

元気だった頃には、分からなかったこと、当たり前だと思っていたことが、実は大変なことだったと今、分かるようになった。私は、障害者になって初めて人の痛みや苦しみが分かり、やさしさを肌で感じられるようになったと思う。

もし、私が障害者にならなかったら、どんな人間になっていただろう？　人間、それともただのゴリラ？

妻や両親には感謝しても感謝しきれないくらいだが、その他の多くの人々にも助けられている。さくら苑（特別養護老人ホーム）の桜井里二苑長にも、大変お世話になった。

夜七時からのステーキパーティーに出席させていただいた時には、おいしいお肉を腹一杯食べ、お酒や踊りで盛り上がり、その日は久々に楽しい夜を過ごすことができた。私にとって夜の外出は十数年ぶりだった。

また、当初は月二回の入浴サービスだったが、現在は月四回入浴できるようになった。送迎してくれるので、お殿様気分！。ゴリラの王様としては大満足である。さくら苑は、普通の老人ホームとは、ちょっと違う。

ホームの廊下は、大きなラブラドールレトリーバー雌犬二匹（ヘレンとマリ）がいて、その後ろで小さなダックスフンド（チャリー）が遊んでいる。妻のマリちゃんは、犬たちを見つけるとすぐにじゃれ合う。犬好きの私にはとてもうらやましい。

私も犬たちのそばに行って、感覚のない手で頭を触らせてもらい満足している。ネコや小鳥などもいるし、日曜日には催しが多いので、近くの小学生たちが遊びに来ていて、とても賑やかである。ご老人も私の大きな電動車いすを見て、声をかけてくれ、何回も行くうちに顔見知りになったものだ。

ところが再び行くと、また初めて会った人になってしまう。忘れられてしまうのかな。浴槽は、寝たままで入れるのでラクで安心。たっぷり入ったイオウ入りのお湯につかり、気泡が出て、温泉のようだ。入浴させてくれる職員の方が元気でやさしい。マリちゃんは、「いいわね、若い女性に身体を洗ってもらって、王様気分でしょ!」と、冷やかすのである。

まさに入浴している時はそんな気分だ。お酒でもあるともっといいのだが……? 職員の方たちと楽しい話をしながら、いつものんびりと入浴させてもらっている。元気であったらきっと、こんなやさしい人々との出会いもなかったのにちがいない。

そんな「さくら苑」の利用も二〇〇二年で終了となってしまった。今では、「あだちホーム」で入浴している。ここも職員が明るく親切で、十分満足できる所だ。なんといっても良いのは、温泉がわき出ていて、皮膚がカサカサせず、身体もよく温まるのが最高だ。毎週の入浴が楽しみである。

緑園都市にある「花の生活館」でも、遊びに行くと家庭的な雰囲気で、職員の皆さんのやさしく暖かい歓迎をうける。食事も素晴らしくおいしくて。何日でも花の生活館にいたくなるほどだ。

若い人たちの中に福祉の仕事をしている人が多いのに感心してしまう。他人の助けをしている人たちこそ素晴らしい人であり、なかなかできないことだと思う。職員の待遇をもっともっと良くすることが、福祉の発展にもつながるのだと常に思っている。

入浴の帰りに月一回位、我が家の近くの床屋『いこい』に立ち寄って、スポーツ刈りにする。夫婦で仲良く働かれていて、ここでも親切にしてもらっている。

店の出入口の段差をスロープにして、電動車いすで利用できるようにしてくれた。こんなことはなかなかできることではない。頭が下がる思いである。スポーツ刈りをすると床屋の腕が分かると言うが、ここの御主人はハサミだけで実にうまい。

スポーツ好きな御主人で、話も合う。マリちゃんは、「ボウズでいいじゃない」と言うが、私はオシャレにはうるさいのだ。やはり、若い女性たちとの出会いもあるし、キレイにしないといけないのだ。ゴリラ王様としては、カッコがつかない。

退院した頃、私はワープロを口で打っていたのだが、これも近くの今井電機店でワープロを購入したときに、使いやすいようにと今井さんが斜めにできる台を作ってくれたおかげだ。棒を口にくわえて一つひとつ打つので、二つのボタンを同時に打つことができなかったが、これも工夫してもらった。とても親切でやさしくしてもらった。今井さんがいなければ、このエッセイも書けなかったのである。今は今井電機は店じまいし、私もパソコンを使っているが、大変ありがたい思い出になっている。

障害があるから……というだけでなく、人間健康であってもいろいろな人々に支えられ、助けられて生きていると思う。ただ、健康だと当たり前だと思うことが多くて、ついつい感謝の気持ちを忘れがちになるのではないだろうか。

外出の楽しさ

うわァー、高い！　車が小さい！　足がすくむ。昔から高いところは苦手だ。

その私が横浜ランドマークタワーへ行った。

地上二階から六九階の展望フロア（二七三メートル）まで昇るのにかかった時間の短かったこと。実に速い。四十秒たらずで（分速七五〇メートル）揺れもせず昇ってしまった。エレベーター内に立てたタバコが倒れなかった……という話を聞いたことがあるが、乗ってみるとなるほど実感できる。素晴らしい技術である。

到着した展望フロア、スカイガーデンからの眺めは想像を絶するほどの大パノラマで興奮し

た。夕日が沈み、点々とライトがつき、またたく間に光り輝く夜景と変わった。素晴らしい夜景に見とれている間に、私の周りはいつの間にかアベックで一杯になっていた。

最近、私の外出が多くなった。近くの老人施設さくら苑で、特別入浴サービスのときに知り合った職員の人たちや、施設を辞められて違う福祉関係の仕事についている人たちから、「どこかに行きましょう」と声をかけてくれる。とても自然に……。

はじめは、「せっかくの休日にいいんですか」と遠慮していたが、今では「行きましょう、行きましょう」と私も積極的になっている。ありがたいことである。

私が絵を描いていることもあり、元気だったら絶対に行かなかったであろう、横浜美術館に二度も連れて行ってもらった。洒落た建物内にはエレベーターがあり、もちろん車いすでも利用できるようになっている。土曜日だったが、常設展しかないためか館内はガラガラ。シーンと静まりかえり人の声もしないので緊張してしまった。ルーブル美術館の展示のときとは大違いである。

このときは平日に行ったが、人が多くて電動車いすで人の足を踏むのではないかとヒヤヒヤ。絵を見るより人の足元ばかり見ていたようである。無事に見て回るとドッと疲れが出てしまった。

金沢八景島シーパラダイスにも連れて行ってもらった。潮の香と若い女性たちに囲まれ、久々に童心にかえって楽しんだ。水族館のガラスの大きさや、熱帯魚たちの鮮やかさにはびっくりしたが、その中で不自由そうに泳ぐシロクジラの姿が、私とダブって見えた。自分と同じ体型だし、まるで私だ。トドも似ている？

遊園地、レストラン、ショッピングと素晴らしい施設だったが、水族館だけはもう少し車いすで利用しやすくして欲しかった。一般の入口から入場できないことをはじめ、下の階に降りるには、エレベーターを利用して非常扉から入ったり出たり。一般の人の流れに逆らいながら移動するのは大変だった。エスカレーターを降りながら海底気分を楽しむ……どころではない。新しくできた施設なのに、設計段階で車いす利用者のことなど考えなかったように思え、寂しくもあり、また、腹立たしくも思った。

そうそう、焼肉屋にも行った。外食をする機会が少ない私にとって実に嬉しい誘いである。やはり、お店に入る第一条件は、段差や階段がないこと。岡津町の『ファースト』は合格点である。食べた、食べた～と言いながら皆、ワイワイ!。

マリちゃん(妻)は、私の顔を見て「お肉が足りなかったらゴリラ(私?)のおなかの肉も食べて!」と皆に大声で言った。なんてひどいことを言うんだと思ったが、自分の腹を見ると納得……。最近は、私の顔はブルドックに似ていると言って大声で笑う。「ブルゴリ」と別名が新しくついてしまった。おなかも満腹、心も満腹、幸せだ。まるで普通の友人のように私を誘ってくれる。暖かい……これが最高なのである。素晴らしい友人たちに感謝、感謝、感謝。

身体に障害があるが、中身は皆さんと同じだから、自然に普通に一緒に生活したい。私にとって、今の四肢完全麻痺の状態が普通の健康な状態なのであるから……。

こちらが車いすだと、どうしても健康な人は、「何て声をかければ良いのだろう。かわいそうだけど声をかけにくい」。私も元気なときはそうだった。人間はやはり、経験して初めて分かることの方が多いから、仕方ないことかもしれないが……。

これからは、老人も増える。医療の発達から障害者も増え、車いす社会が全盛となるであろう。皆、同じ仲間として生活してゆきましょう。

生徒たちの感想文

横浜市立旭北中学校で講演をした後、全校生徒の皆さんから手紙をいただいた。生徒の皆さんの心のこもった手紙は、どれも素晴らしかった。中学生の文章の一部を紹介します。

『本当に障害ということは、本当にみじかなことだと思いました。あと、僕が感じたことは、先生は本当に悲しい顔じゃなく、楽しそうな顔していてびっくりしました』

『私は、この時代に生まれたことをとても悔やんでやみませんでした。でも、先生の話を聞いていると、この時代も結構いいもんだなぁと思えてきます。私のこの時代、いや世界が嫌いなわけは、大半の人間の心が、お金というもうじゃに負けて、どす黒くきたなくなってしまうこと。

それに、自分達さえよければいい、だから、自然や動物を壊して殺してしまう。だから、だんだん自然の設備が壊れていく。木を好きなだけ取り、陸上だけでなく、水や空にまで領地を決める。そうゆうのが許せません。先生はきっと、教師だった時より強く、優しくなったんじゃないかと思います。私は、いずれそんな心の強い、優しい人間になれたらと思います』

『人は、助け、助けられ生きていきます。この気持ちをみんながもって生きていくことが大事だと思いました』

『先生は、ケガで体が不自由になったことで、命の大切さ、自分がたくさんの人に支えられて生きている、ということを学ばれたんではないかと思います。首を折るなんて、もちろんいいことではなかったと思うし、たくさん大変なことがあったと思います。

でも、良い方に考えれば、今、人が忘れかけている命の尊さなどを知ることができたと思います』

『人は、助け合って生きていくものだなぁと思いました。伊藤さんは、〈自分のお世話をしてくれた看護婦さんや家族、いろいろな人に感謝をしている〉とおっしゃいましたが、私は、看護婦さんや家族の方、伊藤さんに出会った人達も、伊藤さんに感謝をしているのではないかと思います。

それは、毎日障害をハンデにしていない楽しそうな生活を見ていたり、伊藤さんの明るく生活をしている姿を直接近くで携わっていると、生きる楽しさというものを教えてくれたのではないかと思います。私も、伊藤さんにもっと楽しく生きるということを教えてもらいました』

『普段、私達があまりふれることのできない思いやりの心や、親切などを知れたことは伊藤先生の財産なんだろうと思った。また、先生は手足を失ってしまったけど、先生は他にいろんなものをもらったんだと思った。

ただ、普通に生きている私達でも死にたいとか思うこともあるのに、障害を負っていながら辛い気持ちを幸せな気持ちに変えて生きているという所がものすごく尊敬した』

『障害者の人もひとりの立派な〈人間〉で、ただ、私達と違うのは〈障害〉があること。後は私達と変わらない、同じひとりの人間ということ。これから訪れる二十一世紀は皆、明るく楽しく差別なんかない未来を作っていきたいです』

『私は今日、発見したことがあります。それは、障害を持っていたとしても、私達と何ら変わらないということです。障害を持っているだけで、何となく違う見方をしてしまうのは間違いだと思いました。今までは、健康で普通という事に甘えていたような気がします。毎日を精一杯、懸命に生きていこうと思います』

『伊藤さんのお話を聞いて、私達には、また課題ができました。それは、障害者の方々にも楽しい生活が送れるように工夫することです。

〝また〟というのには理由があります。

私たち北中の三年生の修学旅行は広島と京都でした。広島では、被爆体験者の沼田さんという方からお話を聞きました。私はそこで原爆や平和について深く考えさせられました。私は平和な世界ができるよう小さなことでもいいから何かできればいいなと思っています。

私達は人からお話を聞かなければ間違いに気付けません。伊藤さんは〈きっかけ〉を作ってくださいました。もっと、多くの人が〈きっかけ〉を見つけられるように頑張って来てください。人のお話を聞くというのは、本当に大切なことだと思います』

『私達は、二十一世紀の一回目に成人式を迎えます。だから私達が体の不自由な人と一緒に楽しく過ごすことのできるような未来を作っていかなきゃならないと思いました』

この他どれも素晴らしく、全生徒の文も載せたいぐらいです。若い中学生の立派な文章に感服しました。これからの成長が楽しみです。

バリアフリーTV編

「キャー！　変な人がついて来る。ずーっとついて来るョ」と言いながら、二人の若い女性が逃げた。その後ろから、手足の動きがぎこちなく、頭を斜めにしながら走って追っ掛ける若い男性の姿。

「なんですか?」と立ち止まり、振り返りながら二人の女性が恐る恐る聞く。何のことはない、彼女たちが落とした手帳をその男性が拾ってあげたのだった。その時、その男性は、月日と曜日を間違えずに覚えていることができる程度の情緒障害者であった。自然と笑いが出るように、おかしかったのが良かった。

これは、NHKのTV番組の一場面である。ある施設で生活している人たち四人が、一泊旅行に出掛けた様子が物語になっていた。障害者のことを考えたTV番組というと、苦労した話とか暗く悲しくなりがちだが、この番組は、とてもほのぼのとしていて大変良かった。旅で出会った男性が、いろいろ親切にしてくれ、心が暖まるドラマ。障害を背負って生きている四人の心が、美しく純粋でさわやかなのが印象深い。「ヤダー」と言って逃げた女性とも友達になってしまう。

能力に障害があったり、歩き方が普通でなかったり、しゃべり方がおかしいと人間は偏見の眼になりやすい。自分の心が奇麗で純粋であれば、見た目がどうであろうと、どんな人とも交流が持てるのだと思った。

五体満足で普通に生活できる人や、能力の高い人たちの方がもしかすると、本当は障害があるのかもしれない。実は、番組の途中から見たので、是非、はじめからもう一度見てみたいと思っているのだが……。障害者だけの旅行だったので、施設で待っている先生方が、ハラハラしながら電話を待っている姿が印象的でおかしかった。

無事に帰宅する船に四人が乗って、安心して終わるドラマであったが、実際に障害者だけでも安心して旅行できる日本であって欲しい。きっとできるのが日本だと思うが?!

以前から障害者が普通にドラマやバラエティーなどに出たり、司会をやったりしたら良いのにと思っていた。そしたら、先日、テレビ朝日で『ゴールはバリアフリー』という番組をやっていた。車イスでスポーツをやっている人たちとゲストがペアになって、クイズに参加していたのだ。車いすでできるスポーツをクイズ形式にしていた。車いすマラソン、ダイビング、海外ラリー、スラローム。両手が動けば、健康な人たちと同様にほとんどのスポーツが可能である。

最初に大分県で行われた国内最大の大分国際車いすマラソンの問題から始まっていた。私は、車いすマラソンで使用される競技用レーサーに興味を持った。前輪一個のリム部がカーボン製、後輪二個は、ハの字型で安定性が良く、ホイルはカーボン製。フレームは、アルミ製で総重量たったの七キロの三輪車である。そして、ブレーキが無く、光センサーのスピードメーターやオリジナル給水装置がついている。何と軽くてかっこいい！

レースは、スイスのハインツ・フレイ(三十八歳)選手が、一時間二十四分二十四秒の独走で優勝した。それから七分後、日本選手がゴール。車いすマラソンは、とても苛酷で駆け引きのあるスポーツだと思った。

私と同じ障害をもつ、頚髄損傷の方も出演していた。その人は、オーストラリアンサファリラリーに挑戦していた。私よりずっと状態が良い。私は、首の骨の四番目を脱臼骨折したので四肢完全麻痺であるが、その人は六番目位の状態。握力はないのだが、腕を自由に動かすことができる。

ステアリングの上に右手をマジックベルトで固定し、上体もシートベルトで固定(上体は、前後左右に自由には動かせない)する。左手でハンドコントロール(手動運転装置。押すとブレーキ、引くとアクセル)を動かして車を運転するのだ。汗をかかないところは私と同様。背骨の折れた位置によって、一人一人症状が違うのである。

ラリーの途中、アクシデントがあり、命の綱のクーラーが故障し、灼熱の中、五四四七キロを九日間走りきり、ついに完走した。彼は、実にすごい！ 彼は、カーラリーの練習で事故にあい、車いすになった。この後も車関係の仕事を続けている。番組の中で彼は、「いつか海外ラリーに出場しようと思っていた。二十年かかったけどあきらめずチャレンジして良かった。そして、障害者としてではなく、一人のラリードライバーとして、海外ラリーにこれからも挑戦し続けていきたいと思っています」と力強く語った。彼の瞳は、キラキラと輝いていた。

この番組を見ていた人は、その人たちが障害があっても明るく生き生きとして、普通の人と何ひとつ変わらないと思ったはずである。障害があるとかないとか関係なく、一人の人間としてつき合ってほしいものである。そうすれば、バリアフリーな社会になるのではないかと思っている。

バリアフリーとは、差別や障壁がないということ。皆、同じが一番！　車いすのスターが、早く出現する日を待ちわびて……。

（原文に一部加筆修正）

＊

伊藤さんのエッセイ、いかがだったでしょうか？

パワフルでデザイン性にもとんだ外国製のチンコントロール式電動車いす（チルト＆リクライニング・中輪駆動の改良型）を使用することで、肢体障害がある人たちも外出しやすくなるという伊藤さん。

「日本製の電動車いすは、外国製に比べてパワーが弱いんです。デザインも外国製のものが進んでいる。だから、僕は外国製のものを使っています。外付けのスイッチは、あごで操作するタイプと頭で操作するタイプがあります。このタイプの電動いすについてはあちこちで言っているので、僕も宣伝には一役買っていると思いますよ（笑）」

そう明るく語ってくれた伊藤さんは、体育教師をしている奥さんの眞理子さんと二人三脚の日々をエンジョイしているようです。

奥さんのご両親と一緒に住んでいる伊藤さんは、普段何もない時には、朝八時前に起床し、パソコンのメールをチェックしてからブランチを食べ、すぐにパソコンに向かいます。そこで、ご自身の原稿を書いたり、奥さんの学校の仕事のお手伝いをしているそうです。

「僕はマリちゃんの秘書ですから（笑）」

そんな、体育会系同士の明るさとたくましさをもつお二人だからこそ、電動車いすにスケボーをつけるという発想が生まれたのかもしれません。

講演の依頼を受けて、小学校から一般社会人の方々まで、幅広い人たちにご自身の体験談を話される機会が多い伊藤さんは、同じ障害をもつ人たちがもっと気軽に外出ができるような環境になることが、バリアフリーにつながると考えています。

「そのためには情報を得ることが大切ですね。パソコンや友人の輪があればいろんな情報が得られるので、外出しやすくなります。僕も三年前まではパソコンはやらないと頑固に拒んでいたんですが、今では毎日棒を使って活用しています（笑）」

ご自身のハワイ旅行の体験から、来年予定されている「はがき通信」のハワイ旅行（懇談会）実行委員長の任を引き受けられたという伊藤さん。

「今年は皆でハワイに行こうということになったんです。幸い、現地の日本人のボランティアの方がお医者さんということもあって、会員さんでなくても一緒に行けるような企画にしました。体調によっては出欠自由なので、初めてチャレンジする方の勇気に期待しています」

（詳細については「はがき通信」ホームページ http://www.asahi-net.or.jp/~sq6h-mkib/PCC1.htm をご参照ください）。

かつて生徒さんを指導していた伊藤さんが、頼りがいのある（ゴリラのような？）キャラクターのままで、今度はハワイの空の下で車いすの方々を頼もしく引率している姿が目に浮かぶようです。

伊藤道和さんのプロフィール

1955年、福岡県直方市生まれ。日本体育大学卒業。高校の体育の教師をしていた1979年5月、授業中マット運動の際に転倒して首の骨を脱臼骨折し、頚髄損傷を負う。それ以来、手足は全く動かず、鎖骨より下は完全に麻痺状態となる。現在、奥さんの「マリちゃん」こと眞理子さんと、そのご両親との4人暮らし。チンコントロール式の電動車いすを利用し、水彩の風景画を描いたり、エッセイの執筆や学校での講演などの活動を続けている。全国脊髄損傷者連合会、横浜市車椅子の会に所属。

伊藤さんのホームページ：
http://www4.cds.ne.jp/~wing/gorilla/
「はがき通信」のホームページ：
http://www.asahi-net.or.jp/~sq6h-mkib/PCC1.htm

COLUMN

コラム

私が絵を描くようになったきっかけ

私が、絵を描き始めることになったきっかけは、群馬県に住む、私と同じ障害をもつ、星野富弘さんの本を読んでからである。リハビリセンター退院後、自宅でテレビを見たり、本を読むだけで毎日が過ぎ、無気力な生活を送っていた時、入院中にいただいた星野さんの本を何冊か読んだのだ。

星野さんも、保健体育の教師をして、マット運動の前方宙返りでの失敗からケガをしていた。ケガをした経過から障害の状態まで、私とよく似ているのには驚いてしまった。

その星野さんが、筆を口でくわえて花の絵と詩を描かれていた。花の絵からは優しさや繊細さが感じられ、詩からは、思いやりや心の強さ、悟りが感じられた。

何と素晴らしい絵と詩なのかと感激してしまった。花の絵が輝いて見えたのである。星野さんに刺激を受けて、私にも絵が描けないものかと思ったのだ。絵を描くことは、学生時代に授業で描くくらいの経験しかない私にとっては、とても無理だと思ったのだが、是非、挑戦してみようと思ったのである。

早速、中学校の美術の先生に相談したところ、画用紙と固形の水彩絵の具をもらった。また、一人で絵を描ける台も作っていただいた。早速、市販の筆を口にくわえて、絵の具をつけて横線を引いてみた。たかが二〇センチほどの線だったが、口が震え、ミミズがはったような線である。筆が短すぎて画用紙の両端まで線が引けなかった。簡単に描けるものではないと思った。私は、線を引くだけで落ち込んでしまった。こんなに難しいとは……。先が思いやられる。

ここでやめると何にもならないので、気合を入れ直した。画用紙の両端が届くように、筆に棒をつなぎ合わせ約七〇センチの長さにした。横・縦・斜めの線から練習した。何十回も線ばかりを引いていると飽きるが、何とか真っすぐな線が引けるようになった。それだけで嬉しく思った。斜めの線は難しく、特に円はとても描けるものではなかった。

最初に風景を描いたのは、新聞に載っていたシルクロードの並木道の写真が気にいってそれを描きたかったからである。モノクロの絵であったが、なぜかひきつけられるものがそこにあった。

今、その絵を見ると、とても見せられるような絵ではないが、その絵を描いて、絵の道に一歩踏み出すことができたから、これからも一本の道としてつながってゆくのではないかと思う。何事も一歩踏み出すことが大切である。私の原点は、名前と同じ〝道〟なのである。

◀写真／絵を描いている伊藤さん

▶伊藤さんの作品より

今まで、主に風景を描いているが、一日筆を口にくわえて描くのは、三時間が限度である。手術の時に、首の後ろの筋肉を削り取られたため、三時間以上描くと首から肩の凝りが激しくなり、吐き気がするのである。

　また、太い筆をくわえるとあごが辛いので、細くて軽い筆になってしまう。絵を一枚仕上げるのに三ヵ月くらいかかる。下手な絵でも、額に入れてみると雰囲気が出て、少しは見せられる絵になっていった。うまく描こうと思えば思うほど、筆が進まず雑になり、なかなか思うような絵が描けない。無心に楽しく、素直な気持ちで描いた絵は、不思議と出来上がりも早く、納得できる作品である。

　私も絵を描く楽しさや苦しみが分かるようになり、絵の奥深さや難しさを日々実感している。芸術とは無縁だった私が、絵を描けるようになって少しずつ自分自身に自信が持てるようになった。そして、何もできなかった私が、絵を描くことで生きがいを感じ、明るく積極的に、何事にも挑戦するようになったのである。

　人間、やってやれないことはない。やればできる！　そして、最後までやり通すことが大切。

　風景画以外の絵はまだまだ描けない私だが、ゆっくり挑戦してゆこうと思う。

　未熟だが、これからも絵に生命を吹き込めるように頑張りたい。

（伊藤道和）

Part 4

日頃からできるボランティア

①体の障害のある人の視点も考えて

ここまで読んでくださった方は、障害のある人たちの本音や気持ちが少しおわかりいただけたことと思います。

障害のない人にとっては気づきにくい、さまざまな障壁があることが理解できたとき、「お互いさま」の気持ちが芽生える。そんな気持ちが街角での一声につながったり、あるいは、「自分にできることは何だろう?」と考えるきっかけになるかもしれません。

そんな方のために、日頃からできるボランティアについて簡単にご紹介しておきたいと思います。これをきっかけに、体に障害のある人の視点に立って、地域社会での交流や自分に合ったボランティア活動に目を向けていただければ幸いです。

◎路上や歩道に障害物があると……

路上に違法駐車があると、車いすの人や白杖をもった人の通行の妨げになります。歩道には、自転車や大きな荷物などの障害物は置かないように心がけましょう。

歩道にある黄色い線上ブロックや点状ブロックは、目の不自由な人にとってはとても大切な誘導の目印です。線上ブロックや点状ブロックの上には物を置いてはいけません。もし、ブロックがすりへったり、欠けてわかりづらくなっていたら、役所に連絡し、知らせると親切です。

◎こんな行為は避けましょう

(例)音声式の信号機の近くでの騒音

音声式信号機で、「カッコー」という音は東西を、「ピヨピヨ」という音は南北を表わします。目が不自由な人にとっての大事な方向案内ですので、特に信号機近くでは騒音を出さないように。

②地域社会での交流

引っ越してきた人がいたり、また自分が引っ越していったら、ご近所にあいさつをし、日頃から助け合える関係を築きましょう。障害のある人も同様に、できること・得意なことと、できないこと・障害のことなどを話しておくと、できることでの参加や協力が可能です。また、自分の住んでいる地域に障害のある人やお年寄り、一人暮らしの人がいたら、「何かお手伝いするようなことがあれば気軽におっしゃってください」と、声をかけて差し上げると、困ったときに頼みやすい(頼まれやすい)環境になるでしょう。

◎Eメールを活用してのやり取り

参考までに、石川大輔さん、ミカさんが引越しした際に、ご近所に渡された文章を掲載させていただきます。

＊

『この度、五月三十日に、こちらの団地へ入居致しました石川と申します。

私ども夫婦は、二人ともが身体に障害があり、車いすを使用して暮らしています。

これから、こちらでの生活が始まるわけですが、様々な面で皆様にお世話になることも多々あると思います。自分たちが出来ることで地域活動へ参加し、貢献していきたいと思っておりますので、末永くご指導・ご鞭撻のほどを宜しくお願い致します。

梅雨が近づき、体調を崩しやすい季節となりますので、お身体をご自愛の上、ご活躍ください。取り急ぎごあいさつまで、書面での失礼をお許しください。

二〇〇一年六月　石川大輔・石川ミカ

自宅電話・メールアドレス』

＊

このように、事前にどんな人が引越してきたかわかっていれば、ご近所同士の交流も生まれやすいでしょう。

続いて、石川さんご自身に地域の人たちとの交流について体験談を語っていただきましょう。

(例)石川さんと町内のYさんとのメール交換

町内会の掃除に参加できないことへの気兼ね少々、いつもお世話になっているという気持ち少々から、集会の際に「掃除の後の飲み物を提供させて欲しい」と申し出たことがありました。町内の方々からは、「そんなに気を使わずにいきましょうよ！　できることで参加してくれたら、それでいいんだから」とのご意見をいただいたときのことです。

集会が終わり帰宅した後、同じ町内のYさんから次のようなメールが届きました。

＊

『会合お疲れ様でした。今日のご発言は、石川さんの人柄が伺えてました。

でもTさんも言ってましたが、石川さんが出来ること、石川さんにしか出来ないことで協力して頂ければいいと思います（実は石川さんが清掃に出席出来ないこと忘れてました。すみません）。車いすの人もいれば、妊婦さんもいるし、スポーツが苦手で体育祭欠席の人もいます。

休みのたびに電動工具のうるさい音を出す人もいるし（誰だかわかるでしょう。僕です!）、犬が隣の家に入っていってウンコをする場合もあるでしょう。誰でも何がしか迷惑をかけることもあるし、反対に人のためになっていることもあります。それぞれが足りない部分を補って、協力していけば良い結果が出るはずです。
ちょっとえらそうに語ってしまいましたが、石川さんの気持ちは皆さんわかったはずです。
今日みたいな会合は積極的に行うべきだと私は思います。特にご主人たちは日頃顔を合わせる機会が少ないため、ある意味「顔見せ」の場にもなって良いことだと思います。個人的にいえば、一番の楽しみは「親睦バーベキュー大会」なんですが……
ものすごく長くなってしまいましたが、まぁチカラを抜いて頑張っていきましょう』

＊

石川さんからYさんへのお返事

＊

『こんばんわ。メールありがとうございました。

Yさんの言葉、とても嬉しく読みました。

本当にありがとうございます。これから末永く宜しくお願いしますね。

昨日は、皆さんに気持ちを伝えようと思うがあまりに、かなり力んでしまいました(笑)。

「地域にはいろいろな人が住んでいる……みんないろいろで凸凹《でこぼこ》があっていいんだ……」と、頭ではわかっていても、いざ自分たちが当事者となると、周囲の方々にきちんと理解してもらわなくっちゃ……というのが心境でした。

それもよい経験になりました。体験してみて初めてわかることって多いですね(頭でゴチャゴチャ考えてもダメですね)。

皆さんにかけてもらった言葉が嬉しかったです。

これから親睦の機会を増やして、もっともっと仲良くなれたらいいですね。

バーベキューも早く実現させなくては!! では、また。石川』

＊

◎お互いさまの精神で

(例)「地域の中で」――石川ミカさんの場合――

私と夫は車いすを利用しています。自分らしく自由でいるために、さまざまな人に支えられて暮らしています。二人が一番大切だと思っているのは地域とのつながり。生活を始めるに当たり町内の人たちへは、私たちにできないことを曖昧にせず、まずきちんと伝えました。そして、できることで地域に参加したいと相談しました。

皆さんも理解してくれ、「できることをしてくれたらいいよ」と言ってくださいました。ごみ出しをしていたある朝のこと。「ついでのことだから、わざわざ持ってこなくても家の前に置いていたら一緒に出しますよ。声をかけていいものかと、前から迷ってたんよ」と、近所の女性が声をかけてくださいました。温もりを感じ、嬉しかったことが今も忘れられません。以来、すっかりお世話になっています。

引っ越してくる前は、「障害をもちながら地域で暮らすことは干渉を受けるのではないか、また地域の人たちに受け入れてもらえないのではないか」と自分自身がずいぶん構えていたように思うし、不安ももっていました。

だけど、実際にふれ合い、交流をもつと、そのことの大切さが身に染みてよくわかりました。十してもらっても一しか返せないかも知れません。たとえ返せることは一であっても、一が私にできることである限り、私はその一に私の精一杯の気持ちを込めて地域に参加していきたいと思います。

この恵まれた環境(近所の人たちの温かさ)に感謝しつつ、私らしさを存分に出していきたいです。

③心の交流ができる活動

◎まずボランティア情報を

目が不自由な人のための点訳や朗読、耳が不自由な人のための手話や要約筆記など、障害者と健常者をつなぐ大切なコミュニケーションは、お互いの心のバリアフリーにもつながります。また、車いすの人が外出したり旅行をする際の介助やガイドヘルパーは、行動を共にすることで、コミュニケーションが図られ、お互いのことを知り合うきっかけになります。

そのように、ボランティア活動には障害のある人と共に行動し、理解し合える活動がたくさんあるので、自分に合った内容の活動を探して、できることからチャレンジしてみましょう。また、やってはみたものの自分には合わないときには、無理をせず、早めに先方にそのことを伝えましょう。きちんと伝えてやめれば、次につながり、自分に合う活動が見つかるはずです。

ボランティアに関する情報は、各区市町村ごとに設置されている社会福祉協議会(略称「社協」)や、全国的に拠点が整備されてきた市民活動支援センター、県民活動支援センターへ。社協は、〝誰もが安心して暮らせる、人にやさしい福祉のまちづくり〟を進めるために、地域の人びと、ボランティアや福祉NPO、民生委員児童委員、福祉・保健などの関係機関および団体、行政機関などの参加協力を得ながら、それぞれの地域で活動しています。自主性と公共性という二つの側面を合わせもった民間非営利の社会福祉団体です。

また、市民(県民)活動支援センター(注:自治体で名称が違うことがあります)は、地元でボランティアやコミュニティ活動を行う団体が登録しており、多団体の情報が得られます。社協のボランティアセンターが主催するイベントや、市民(県民)活動支援センターのイベントに参加することで、地域の中でどのような人たちがどんな活動をしているかをうかがい知ることもできます。

ぜひ一度、皆さんの地域にある社会福祉協議会や市民(県民)活動支援センターをのぞいてみてください。

社会福祉協議会のボランティアセンターについて

社会福祉協議会は、昭和30年代からボランティア活動推進に取り組んできた日本最大のボランティア活動推進機関です。現在では、全国の都道府県・指定都市、9割の市区町村にボランティアセンターを設け、その全国的なネットワークと公共性をいかして、幅広い草の根のボランティアグループ、市民活動団体と連携し、活動を支援しています。詳細については、各都道府県市区町村に直接お問い合わせください。

《全国社会福祉協議会》
ホームページ：
http://www.shakyo.or.jp/VCPages/101/000/
《ボランティアセンター》
ホームページ：http://www.shakyo.or.jp

COLUMN

コラム

盲導犬を育てるパピーウォーカー

盲導犬の役目は、視覚障害者の社会生活を支える「歩く眼」。そんな大切な役目をもつ、盲導犬の仔犬を預かるボランティア――あなたもパピーウォーカーになりませんか?

パピーウォーカーとは、特に動物好きの人にとっては、やりがいのあるボランティアの一つです。仔犬とのふれあいを通じた障害をもつ人への思いやり――あなたもぜひ、仔犬の育成ボランティア・パピーウォーカーになりませんか?

（以下、「財団法人日本盲導犬協会」のホームページより要約）

◇豊かな愛情を育むボランティア、それがパピーウォーカーです。

視覚に障害をもつ人が道路を歩く場合、白杖を携えるか白または黄色のハーネス（胴輪）を着けた盲導犬を連れていなければなりません。ですから、盲導犬は、一般のペットとは異なり、電車・バス等の交通機関や宿泊施設、飲食店などの利用も認められています。

これまで数多くの盲導犬を送り出してきた日本盲導犬協会では、忠実で賢くおとなしい性格をもったラブラドール・レトリバーと呼ばれる犬種を主に盲導犬として採用しています。日本の盲導犬事情は、まだまだ発展途上といわれています。大勢の視覚障害者の声に応えるためにも、一人でも多くの人たちの協力が必要とされています。

日本盲導犬協会では、仔犬に人間との信頼関係と豊かな社会性を身につけさせることを目的に、生後二ヵ月ほどからパピーウォーカーと呼ばれるボランティア家庭で育てていただいています。

期間は十ヵ月から一年ほど。パピーウォーカーになるには専門的な知識や経験などは必要ありません。基本的に、家族の一員として愛情を込めて育てていただけることなどがその条件です。必要なしつけなどについては協会が随時指導いたします。

◇街で盲導犬に出会ったら、次のことに心がけてあたたかい気持ちで見守ってください。

◎ハーネス(胴輪)を着けている時は仕事中です。いくら可愛らしくても決してさわったり、呼びかけたり、口笛を吹いたりしないでください。

◎ハーネスは視覚障害者と盲導犬を結ぶ大切なコミュニケーションの道具です。手助けして

パピーウォーカーの愛情を込めた飼育、そして、こまやかな訓練を経て盲導犬が生まれます

海外から優秀な盲導犬用の仔犬を購入。
計画的に協会で繁殖。
↓
生後2か月ごろから約1年間、
パピーウォーカー宅で愛情を込めて飼育
↓
盲導犬の適性判断と約10か月間の訓練
↓
視覚障害者との約4週間の合宿共同訓練
↓
視覚障害者の生活圏での現地指導
↓
共同訓練全課程終了卒業

いただく際にもハーネスには絶対さわらないように注意してください。

◎盲導犬ユーザー(使用者)が盲導犬をしかっていることがあっても、それはしつけのためであり、決していじめているわけではありません。誤解をしないようにお願いします。

◎視覚障害者を誘導してくださる場合には、まずは声をかけ、本人の希望に従って手助けしてください。

◎盲導犬は食事についても規則正しくとるように訓練を受けています。仕事中には絶対に食物を与えないでください。

◎盲導犬が人を噛んだりすることは絶対にありません。犬の苦手な方もあたたかく応援してください。

◎盲導犬は視覚障害者の眼の代わりとして、その人の身体の一部であるという認識を持ってください。そして乗り物やお店、宿泊施設等でも拒否せずあたたかく受け入れてください。

《パピーウォーカーに関する問い合わせ先》

【財団法人日本盲導犬協会】

ホームページ：http://www.jgda.or.jp/

【神奈川訓練センター】

〒223—0056

神奈川県横浜市港北区新吉田町6001—9

TEL：045—590—1595

FAX：045—590—1599

Eメール：jgda@mxg.mesh.ne.jp

【仙台訓練センター】

〒982—0263

宮城県仙台市青葉区茂庭字松倉12—2

TEL：022—226—3910

FAX：022—226—3990

Eメール：jgda_s@mx5.mesh.ne.jp

【東京本部】

〒150—0002

東京都渋谷区渋谷3—18—7—6F

TEL：03—5766—3871

FAX：03—5766—3872

Eメール：jgda02@mvc.biglobe.ne.jp

あとがき

本書を最後までお読みいただいた方は、障害がある人たちもさまざまな個性や考えをもち、それぞれに異なる体験や生活をしていることがうかがい知れて、決して「障害者」とひとくくりにできない、と感じられたのではないでしょうか。

街角で障害がある人を見かけたら……それがこの本のテーマでした。

そこで、障害のない人は、ただ同情心から一方的に手を差し伸べるのではなく、その時々の状況に応じて、「大丈夫ですか？」「何かお手伝いしましょうか？」「できることはありますか？」などと、まず相手の方が手助けを必要としているかどうか、あるいは、具体的に何を望んでいるかを確認することが障害のある人とのコミュニケーションの基本であること。

そして、その方が特に手助けを必要としていない場合には、「それじゃ、お気をつけて」と気軽にあいさつをして別れるよう、気持ちの余裕をもって接すること。

それが、今回ご登場いただいた方々の共通した願いであり、思いでもある、ということが充分おわかりいただけたと思います。

障害がある・ないにかかわらず、大切なのは、相手を思いやる気持ち。

そして、お互いさまの心――かつては日本人の誰もがもっていた、そんな〝あったかい気持ち〟を私たち一人ひとりが少し勇気を出して「声」に出せれば、バリアフリー社会の実現もそう遠くはないはずです。

本書をお読みくださった方々が、心の中で「お互いさま！宣言」をしてくだされば、これにまさる喜びはありません。

最後に、もう一度牟田悌三さんのステキな詩をご紹介しておきたいと思います。この詩は、牟田さんが少しでも希望がもてる未来を創造していくために、若者たちに捧げたものです。もちろん、若者とは、単に年齢の若さではなく、心の若さを失っていない人すべてを含んでいると思います。

牟田さんをはじめ、本書の企画・監修・執筆に積極的にご協力いただいた、石川大輔さん、ミカさん、そして、快く取材に応じてくださった中村実枝さん、伊藤道和さん、アカンパニー・グループの皆さん、「ゆ〜たん」の江川裕子さん、「グランヴェスタ山口」の一部房男さん、本書の内容にピッタリのほのぼのとしたイラストを描いてくださった徳重薫さんに、心より御礼を申し上げます。

編集部一同

君は無形文化財

牟田悌三　作

どうだい、近ごろ、君、生きているかい?
おじさんも生きているぞ
生きるってことは、夜、床に入る時
やったなあ　と思えるような毎日を過ごすことだ
やったなあって　どういうことかって?
そう　人に認められたり　人に信頼されたり　人に愛されたり
心臓がときめくことさ
ああ　不思議と人っていう字が出てくるよね
そうだ　人は人の中に生きてるんだ
そのまた人のまわりには　大きな大きな自然が生きているんだ
だから君　人を感じ自然を感じていないと　幸せになれないぞ

皆が幸せになれば　自分も幸せになれるんだなァ
ここをこうしたら　皆がもっと幸せになれるのになと思うことないかい？
考えてみよう　いや　考えるだけじゃだめだ　やってみよう
一人で心細かったら　仲間がいるじゃないか
仲間と一緒になって、汗を流して　動いて　動いて
うまくいかなかったら　その時は次の手を考えるんだ　ねばるんだよ
一生をかけてね
そうだ　君のやってること　それが文化ということなんだ
そういう君の姿は無形文化財だな　見えないんだよ
だけど社会にとっては　大きな大きな財産になるんだ
好きだな　忍者みたいで
普通　国が指定するんだけど　おじさんが言ってあげよう
君を無形文化財に指定します
いや　おじさんに言われなくてもいいんだ
自分で指定しちゃうんだよ

監修者紹介

石川大輔（いしかわ・だいすけ）

1968年、山口市生まれ。生後まもなく筋ジストロフィー症と診断を受ける。2000年4月、山口県立大学大学院健康福祉学研究科（修士課程）入学。2000年8月、結婚。2002年3月、修士課程修了。現在、バリアフリー推進コンサルタントとして、フリーランスに活動中。専門学校非常勤講師。山口県地域リハビリテーション構想推進協議会委員。市民活動グループ「山口ユニバーサルデザインビジョン2010」代表。

http://www.c-able.ne.jp/~daisuke/contents.htm

石川ミカ（いしかわ・みか）

1969年、山口市生まれ。1995年8月、通勤途中に駅の階段から転落し頚髄損傷を負う。1999年4月、山口県立大学社会福祉学部へ編入学。2000年8月、結婚。2002年3月、卒業。現在、バリアフリー推進コンサルタント、福祉住環境コーディネーターとして、フリーランスに活動中。専門学校非常勤講師。山口県民活動審議会委員、山口市地域福祉計画策定委員。バリアフリーゆかたProject Since2001事務局長。著書に「車いすのリアル」（大和書房）がある。

「お互いさま！」宣言
――暮らしの中のバリアフリー――

2003年10月10日　第1刷

［監修者］
石川大輔＋石川ミカ

［イラスト］
徳重薫

［編集協力者］
小笠原英晃

［発行者］
籠宮良治

［発行所］
太陽出版

東京都文京区本郷4-1-14　〒113-0033
TEL 03 (3814) 0471　FAX 03 (3814) 2366
E-mail : taiyoshuppan@par.odn.ne.jp

装幀＝鈴木潮香
［印刷］壮光舎印刷　［製本］井上製本
ISBN4-88469-337-X